PRATIQUE
DE L'AMOUR
DE DIEU,
ET DE
NÔTRE SEIGNEUR
JESUS-CHRIST,

Pour toutes sortes de personnes, selon les trois Estats de la vie spirituelle.

Revû, corrigé & augmenté de diverses Considerations & Pratiques propres pour exciter & augmenter en nous l'Estime, l'Amour & l'Imitation de nôtre Seigneur.

Par le R. P. HUBI de la Compagnie de JESUS.

A TROYES,

Chez JACQUES OUDOT Imprimeur, ruë du Temple.

Avec Approbation & Permission.

AVERTISSEMENT.

LE deſſein que l'on ſe pro-
poſe dans cet Ouvrage eſt
d'inſtruire les Perſonnes qui aſ-
pirent à la perfection Chrétienne, plûtoſt par voye de ſenti-
mens que de Preceptes. Ils y
trouveront quelque ouverture
pour les affections qui regardent
les trois Eſtats de la vie devote,
& l'on eſpere que le Saint Eſprit
achevera le reſte.

L'ordre que l'on y a gardé eſt
celui que Dieu obſerve ordinairement à l'egard des ames, qu'il
veut conduire à la perfection de
ſon amour.

1. Il leur fait concevoir un grand
déplaiſir de tous les deſordres de

AVERTISSEMENT.

leur vie passée, & il leurs inspire des sentimens de contrition semblables à ceux qui sont exprimez dans la priére à JESUS-CHRIST crucifié, & dans l'Acte de réparation d'honneur au trés-Saint Sacrement de l'Autel, qui sont la premiere Partie de ce Livre.

2. Afin de connoistre encore plus clairement les déreglemens de nostre vie, & la maniere de la regler ensuite sur les maximes saintes de l'Evangile : on met devant les yeux l'opposition qu'il y a de la vie de JESUS-CHRIST à la nostre.

3. On propose un moyen trés-facile de pratiquer les plus excellentes vertus, & d'en faire les Actes en recitant le Chapelet.

4. Mais comme nostre Seigneur est le vraye modele de toutes les

AVERTISSEMENT.

vertus ; afin de nous exciter à l'aimer & à l'imiter : On fait voir par forme de Meditation combien Jesus-Christ est aimable ; combien il nous aime, & combien il est peu aimé.

Enfin comme Jesus-Christ est la voye, que c'est par lui que nous allons à son Pere, & que son amour nous conduit à l'amour de Dieu, on trouvera des Motifs tres-puissans pour nous y porter, des Meditations & des Litanies tres-devotes pour l'obtenir de Dieu, & pour nous le faire pratiquer d'une maniere tres-excellente. Je suis assuré que ceux qui se serviront de ces Pratiques, en éprouveront bien-tost l'utilité, & feront de grands progrez dans l'amour de Dieu.

Mais un des plus grands avan-

AVERTISSEMENT.

tages dans ce petit livre, est que les Personnes qui sont dans la pratique de l'Oraison Mentale, & qui souvent n'y ont point de goût; trouveront dequoi s'entretenir aisément, & dequoi contenter leur dévotion, & que celles qui ont déja quelque attrait, y rencontreront une voye facile pour s'élever à un haut degré de contemplation.

PRIERE DEVOTE
AU CRUCIFIX.

Pour s'exciter à la Contrition.

O N Dieu, je reconnois devant vous, que j'ay été, & que je suis encore dur & infensible à tous vos biensfaits, & à tous les attraits de vôtre Amour. J'ay eu un cœur de pierre, & non pas un cœur de chair, ni le cœur d'un homme raifonnable, & bien moins celui d'un vrai Chrétien. Je n'ay eu ni vôtre crainte, ni vôtre amour ; car fi j'euffe eu l'un ou l'autre, je ne vous euffe pas offensé comme j'ay fait.

Mais, mon Dieu, faites-moy, s'il vous plaît, la grace que vous avez promife à vôtre peuple. Oftez moy ce cœur de pierre , & donnez-moi un cœur de chair : un cœur senfible & docile â vôtre parole & à vôtre grace.

C'eft vous, ô mon Dieu ! qui avez changé les pierres & les rochers en des fontaines d'eau. C'eft vous qui avez tiré des ruiffeaux de la pierre trés-dure. Vous êtes celui qui ayant frappé la pierre, en avez fait couler des torrens : faites, mon Dieu, par vôtre bonté toute-puiffante, faires, s'il vous plaît, ce changement en moi : frappez mon cœur, frappez-le des traits de vôtre amour, & faites-en fortir des torrens de larmes.

O mon Dieu ! qu'il eft jufte que je prenne les fentimens de vôtre Prophete, & qu'aprés vous avoir tant offenfé, mes larmes me fervent comme à lui de nourriture jour & nuit.

O mon Sauveur ! puifque les pierres fe fendirent, & que les Sepulchres s'ouvrirent à vôtre mort ; il eft bien jufte que mon cœur fe fende de regret, que ma poitrine éclate en foupirs, & que mes yeux fondent en larmes, pour vous avoir fi mal-traité , aprés que vous avez verfé pour moi tout le fang de vos veines.

O Jesus ! qui êtes la pierre de l'Angle dans la Jerusalem celeste : ô Pierre fondamentale ! qui brisez tout ce qui vous resiste, venez briser la dureté de mon cœur. O mon Jesus ! douleurs, regrets, tristesses, sanglots, larmes, contrition, penitence, misericorde : voila ce que je vous demande, ne me refusez pas. C'est ce que vous desirez en moi : c'est aussi ce que j'attends, & ce que j'espere de vôtre bonté infinie.

Il seroit bien juste que mes regrets fussent proportionnez à mes crimes. Mais helas ! que mes regrets sont foibles, & que mes crimes sont énormes ! Ah ! si je pouvois ramasser dans mon cœur tous les regrets de David, de Sainte Magdelaine, de S. Augustin, & de tous les cœurs les plus penitens !

Vous me faites connoître, Seigneur, que le peché est digne d'une haine infinie : que ne puis-je le haïr, autant qu'il est digne de haine. Ah mon Jesus ! si je pouvois avoir la contrition infinie que vous avez euë pour tous les pechez que j'ay commis par le passé ! si je pouvois avoir la haine infinie que vous avez pour tous les pechez que je pourray commettre à l'avenir ! mais ne l'ayant pas, & ne la pouvant pas avoir, je vous offre ce que vous m'en donnez, & je l'unis à la vôtre.

Il est vrai qu'il y a une grande inegalité entre mes pechez & ma contrition ; mais je voudrois bien qu'elle leur fût égale, & même qu'elle les surpassât, & que ma douleur présente fût plus grande que toute ma malice passée. Au moins, mon Sauveur, puisque vous n'éclairez nos ames de vôtre lumiere, que pour les conduire à la grace & à la charité ! je desire porter ma volonté aussi loin que ma connoissance, & comme je connois par la Foy que vous êtes une bonté infinie, infiniment aimable, je desire avec vôtre grace vous aimer d'un amour infini. Mais comme je connois aussi que le peché contient en soi une malice comme infinie, je desire avec vôtre grace en concevoir une haine comme infinie : oüy, mon Dieu, je desire porter ma volonté jusques où me porte vôtre grace, à vous aimer, & à haïr le peché.

Mais mon Jesus, si ma douleur n'égale pas mes pechez, la vôtre les surpasse infiniment, & elle est capable d'effacer les crimes les plus énormes d'un million de monde ; C'est ce qui fait que je vous offre la contrition que vous-même avez euë pour moi ; & c'est par son merite que j'espere de vôtre Pere, & de vous, l'absolution générale de tous mes crimes. Ah mon Jesus ! que ma contrition ne soit pas fausse, & que mon esperance ne soit pas vaine.

Si vos plus fideles serviteurs se frappoient rudement la poitrine à la veuë de leurs pechez & de vos bontez, il est bien juste, mon Sauveur, qu'à la veuë du triste état où mes pechez & vôtre bonté vous ont mis, je frappe aussi ma poitrine, & que je vous crie de tout mon cœur : misericorde, mon Jesus, misericorde.

O Pere debonnaire ! voici vôtre enfant prodigue.

O Pasteur charitable ! voici vôtre pauvre brebis égarée.

O mon adorable Sauveur, vous m'avez racheté, ne permettez pas que le prix de vôtre Sang soit perdu.

Aux pieds du Crucifix.

O Mon Sauveur ! que je sois le reste de mes jours comme sainte Magdelaine attaché à vos pieds sacrez , & que les miens ne fassent jamais aucun pas qui vous déplaise.

Aux Mains.

O Mon Dieu ! que je ne vous offense jamais par mes mains, vous avez eu les vôtres percées de clous pour le mauvais usage que j'ai fait des miennes.

Au Côté.

QUe vôtre cœur, mon Jesus, vienne par cette playe , & par ma bouche dans mon cœur, ou que mon cœur aille par cette playe dans le vôtre , afin que je vive en vous , & vous en moi , & que je ne sois jamais separé de vous.

Au Cœur.

O Cœur de Jesus ! noyé de tristesse pour mes vaines joyes.

O cœur de Jesus ! chargé d'ennuis pour mes divertissemens criminels.

O cœur de Jesus ! saisi de crainte pour la temerité de mes desirs.

O cœur de Jesus ! accablé de confufion pour l'infamie de mes crimes.

O cœur de Jefus ! penetré d'une douleur infinie pour l'énormité de mes
pechez.

O cœur de Jefus ! percé mille fois par
le nombre infini de mes defordres.

O cœur de Jefus ! cœur doux, cœur
tendre, cœur paifible, cœur pitoyable,
cœur fincere, cœur charitable, cœur
fidele.

O cœur de Jefus! fournaife de charité.

O cœur de Jefus ! trefor de toutes les
graces.

O cœur de Jefus ! aimable & inépui-
fable fource de toute la contrition qui
a entré, qui entre, & qui entrera dans
les cœurs des hommes.

Faites couler dans mon cœur cette
fainte contrition, ces précieux regrets,
ces douleurs, ces triftesses, ces fan-
glots, que vous avez repandus dans les
cœurs de tant de Saints Penitens.

Ah ! fi mon cœur a été autant, ou eft
encore plus coupable que les leurs n'eft-
il pas jufte qu'il foit autant ou plus touché du regret de fes pechez que les leurs ?

Venez donc, contrition du cœur de

Jesus, venez dans mon cœur, le voila
tout disposé pour vous recevoir.

Douleurs, ô Jesus ! regrets, sanglots, larmes, tristesse, confusion, haine, amour. Un Sauveur si aimable, &
qui aime tant peut-il être si peu aimé &
tant offensé ?

Il faut se tenir ensuite devant Dieu,
dans un humble & respectueux
silence.

A NOSTRE COEVR.

O Mon pauvre cœur ! cœur tout
soüillé de pechez !

O cœur tout rempli de malice !

O cœur tout enflé d'orgueil !

O cœur tout empoisonné d'amour
propre !

O cœur tout plein de vices, & tout
vuide de vertus !

O cœur tout ouvert aux sentimens
de la nature, & tout fermé aux mou-
vemens de la grace !

O cœur si avare & si prodigue ; si
avare envers ton Createur, & si prodigue envers les creatures !

O cœur si aimé de Jesus, & qui
aime si peu Jesus !

O mon pauvre cœur, cœur sale, cœur libertin , cœur impie , cœur ingrat, cœur envieux, cœur avare, cœur sensuel , cœur colere , cœur vindicatif , cœur lâche, cœur negligent, cœur miserable , cœur de terre, cœur de boüe; & aprés tout cela si sensible à tout ce qui est de ce monde, & si insensible à tous tes desordres : si tendre à toutes tes passions, & si dur à toutes les inspirations divines : ô cœur! méchant cœur, cœur infidele! non pas un cœur , mais une pierre , & encore plus dur que les pierres & les rochers , puisqu'ils fournissent les plus belles fontaines ; & toi à peine me fournis - tu quelques larmes , lors même que tu vois ton Sauveur tout couvert de larmes de sang , qu'il verse dans le jardin , & en sa cruelle flagellation , & en la Croix pour ton amour.

AU COEUR DE JESUS,
& au nôtre.

AH ! quelle difference entre cœur & cœur !

Entre vôtre cœur , ô mon Jesus & le mien.

O cœur pur ! ô cœur sale !

O cœur patient ! ô cœur impatient !

O cœur docile ! ô cœur opiniâtre !

O cœur fidele ! ô cœur perfide !

O cœur benin ! ô cœur malin !

O cœur genereux ! ô cœur lâche !

O cœur saint ! ô cœur méchant !

O cœur constant ! ô cœur leger dans le bien & constant dans le mal !

Ah ! quelle difference entre cœur & cœur ! entre vôtre cœur, mon Jesus & le mien !

Ah quel difference !

Mais mon cher Sauveur, permettez-moi de vous dire de l'abîme de mon neant que vous n'avez pris un cœur semblable au mien par nature, qu'afin que le mien fût semblable au vôtre par grace.

Faites donc, s'il vous plaît, mon adorable Redempteur, faites que mon cœur soit semblable au vôtre. Vôtre cœur est pur, que le mien soit pur. *Cor mundum crea in me Deus :* crées, mon Dieu, créés un cœur pur en moi.

Vôtre cœur est humble, que le mien soit humble.

Vôtre

Vôtre cœur est patient que le mien soit patient.

Vôtre cœur est docile, que le mien soit docile.

Vôtre cœur est sincere, que le mien soit sincere.

Vôtre cœur est benin, que le mien soit benin.

Vôtre cœur est exempt de tout mal, que le mien soit exempt de tout mal.

Vôtre cœur est tout amour, & amour tout Saint, que le mien soit tout amour, & amour tout Saint.

Que vôtre cœur, ô mon Jesus ! possede entierement le mien ; que le mien, ô mon Jesus ! soit entierement fondu dans le vôtre.

Que vôtre cœur & le mien ne soient plus deux cœurs, mais un seulement, mon Jesus, un cœur fidele, cœur contrit, cœur devôt, cœur genereux, cœur charitable, cœur Chrétien. Ah ! c'est à quoi je veux desormais m'appliquer avec vôtre grace, mon Sauveur, à n'avoir plus dans mon cœur que ce qui est dans le vôtre, pureté, humilité, patience, docilité, courage, douceur,

B

charité, à n'avoir plus que Jesus & son amour, plus de cœur à moi, mais à Jesus. Ce n'est plus mon cœur, c'est le vôtre, il est tout à vous : ouvrez-le, fermez-le, purifiez-le, embrasez le, il est a vous, oüi, mon Jesus, il est à vous : Helas ! il ne l'a pas toûjours été, mais il l'est à present par vôtre grace, & il le sera, s'il vous plaît, à jamais, cœur de Jesus, Amour de Jesus.

J E S U S, J E S U S, J E S U S.

Ici silence & amour, tenant la bouche
sur le cœur au Crucifix

❀❀❀❀❀❀❀❀❀❀❀❀❀❀❀❀❀

L O U E' S O I T J E S U S
dans le trés-Saint Sacrement
de l'Autel.

ACTE DE REPARATION
d'honneur a nôtre-Seigneur-Jes-s-
Christ dans le trés-saint Sacrement
de l'Autel.

MON Dieu, mon Seigneur, & mon Sauveur JESUS-CHRIST je vous adore de tout mon cœur, &

toutes vos perfeƈions infinies daٶs le
trés-Saint Sacrement de l'Autel , en réparation de toutes les irreverences , &
de toutes les impietez énormes & innombrables qui se font commises contre cet adorable Myſtere depuis qu'il
a plu à vôtre divine bonté de l'inſti-
tuer , & de toutes celles qui se commettent à present , & de toutes celles
qui se commettront à l'avenir.

Oüi , mon Dieu , je vous adore dans
ce Sacrement d'amour, non pas autant
que vous le meritez , & que je le dois ;
mais au moins autant que je le puis
avec vôtre grace ; & que je desire de le
faire avec toute la perfeƈion dont vous
pouvez rendre une créature capable.

Et pour m'aider dans ce juſte devoir ,
je vous prie , mon Sauveur , que vôtre
Adoration perpetuelle , qui eſt déja éta-
blie en plusieurs lieux , le soit aussi en
tous les autres , & devienne générale
par tout le monde , & que tous ceux
qui y sont associez , & qui le seront jamais , s'en acquittent fidelement ; afin
que comme vous êtes sans-cesse sur nos
Autels pour l'amour de nous , nous vous

y adorions aussi sans-cesse les uns par les autres, & les uns pour les autres.

Je vous adore, mon Dieu, par tout où vous reposez en cet Auguste Sacrement, pour toutes les créatures qui ne vous y ont point adoré, pour toutes celles qui ne vous y adorent point, & pour toutes celles qui ne vous y adoreront jamais.

Je vous y adore particulierement, mon aimable Sauveur, pour tous les Heretiques, Schifmatiques, Impies, Athées, Blafphemateurs, Sorciers, Magiciens, Juifs, Mahometans, Idolâtres.

Je vous y adore pour tous ceux qui ont neglige de vous recevoir, parce qu'ils fe font privez, les uns de celebrer, les autres de communier ; & pour tous ceux qui vous ont reçu, & qui ont communié en mauvais état ; & pour tous ceux encore qui vous ayant bien reçu, vous ont chafsé honteufement par quelque peché mortel ; pour tous ceux qui vous offenfent maintenant ; & pour tous ceux qui vous offenferont jufqu'à la fin du monde.

Je vous y adore, mon Sauveur, pour tant d'immodesties qui se commettent tous les jours devant vôtre divine Majesté dans les Eglises : & pour tous ceux qui ont negligé, ou d'assister à la sainte Messe, ou de vous y aller visiter, ou de vous tenir compagnie, lors que vous y étiez exposé ; ou de vous y accompagner, lors qu'ils le pouvoient, quand on vous portoit à quelque malade : Et pour tous ceux qui vous offensent à present, & pour tous ceux qui vous offenseront à l'avenir par toutes ces sortes d'irreverences & d'impietez.

Enfin, mon Dieu, je vous y adore pour toutes les créatures qui ne vous y reconnoissent point, & pour toutes celles qui vous y reconnoissent, sans y adorer vôtre divine Majesté, comme les damnez & les demons. Et je fais presentement, & de toute l'étenduë des desirs de mon cœur, autant d'Actes de Foy, d'Amour, d'Adoration, de Remerciement & de Réparation, que les uns & les autres ont d'impieté & de haine contre vous ; souhaittant de tout mon cœur de vous y aimer, benir, loüer, &

adorer dans toute l'Eternité bienheureuse, autant que ces miserables réprouvez feront d'actes contraires dans les enfers.

Je joins, mon Dieu, en tout respect & humilité cette Adoration à toutes celles des trois Eglises, Triomphante, Militante, & Souffrante, vous suppliant trés-humblement d'accepter l'offre que je vous en fais ; & de m'accorder la grace que je me range si souvent auprés de vôtre divine personne dans ce trés Auguste Sacrement, que je vous y adore si humblement, que je vous y reçoive si devôtement, & que je vous conserve en moi si fidelement pendant ma vie, qu'aprés ma mort vous daigniez m'appeller à vous, & me loger avec vous dans vôtre Paradis, pour vous y adorer à jamais avec tous les Bien-heureux. Ainsi soit-il.

DEVOTE MEDITATION
Sur l'opposition de la Vie de Jesus-Christ à la nôtre.

JEsus-Christ a souffert la faim & la soif.

Et moi je mange, & je bois avec excez.

Jesus-Chrift a eu les mains percées de clous.

Et moi j'employe mes mains à de mauvais ufages.

Jefus-Chrift a eu le corps dechiré de coups.

Et moi j'abufe de mon corps.

Jefus Chrift a eu la langue arrosée de fiel & de vinaigre.

Et moi je cherche les délices d'une langue foüillée de milles crimes.

Jefus Chrift a été humble & patient.

Et moy je fuis orgueilleux & impa-tient.

Jefus-Chrift n'a dit mot, lors qu'il étoit chargé de calomnie & de coups.

Et moy je ne puis rien fouffrir fans me plaindre.

Jefus-Chrift a prié pour ceux qui l'a-voient mis en Croix.

Et moy je me fâche contre ceux qui me font la moindre injure.

Jefus-Chrift eft pour l'amour de moy dans le Saint Sacrement.

Et moi je l'offenfe par mes immodef-ties dans l'Eglife.

Jesus-Christ a prié pour moi si dévotement.

Et moi je prie pour moi-même si
froidement.

Jesus - Christ n'est dans l'Eglise que
pour être avec moi.

Et moi je n'y puis demeurer avec lui,
sans le quitter de pensée, & me porter
aux choses de la terre.

Jesus-Christ recherche si tendrement
mon amitié.

Et moi je la lui refuse opiniâtre-
ment, & pourquoi ?

Jesus - Christ me fait tout les jours
mille biens.

Et moi je l'offense tous les jours autant de fois que je commets de fautes &
de péchez.

Si je continuë, ainsi à lui être com-
traire durant ma vie, que dois-je attendre de lui à la mort ?

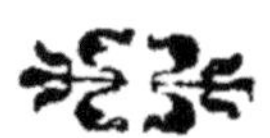

ACTES

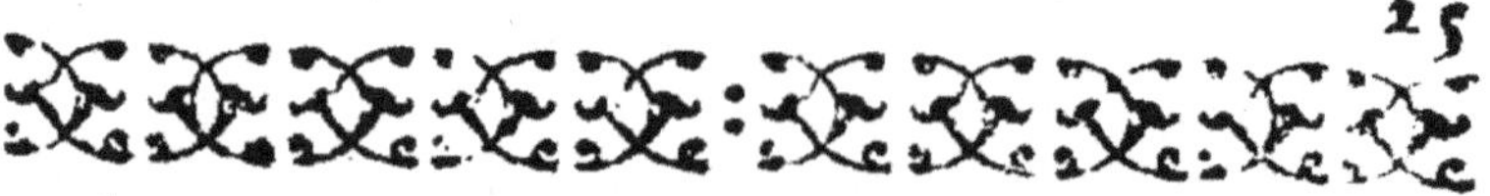

ACTES

DES

PRINCIPALES VERTUS

que l'on a reduits au nombre de dix, pour les pouvoir méditer au même tems qu'on les dit de bouche sur le Chapelet.

Il vaut mieux n'en dire qu'une dixaine avec application & sans se presser, que d'en dire davantage, mais à la hâte, & avec moins d'attention ; neanmoins chacun en pourra dire plus ou moins selon sa dévotion.

SUR LA CROIX.

O Bonne Croix ! ô précieuse Croix ! que celui qui m'a racheté par vous, me reçoive aussi par vous dans le Ciel.

Sur le premier gros Grain.

MOn Dieu pour le paſſé, je déteſte tous mes pechez.

Pour le preſent, j'ouvre mon cœur à toutes vos graces.

Et pour l'avenir, je deſire vivre & mourir à vôtre ſervice & en vôtre amour.

Sur les petits Grains.

1. MOn Dieu, bonté infinie, je regrette autant que je puis, oüi, je regrette de vous avoir offenſé, avec tous les regrets que toutes les créatures ont jamais reſſenti ; qu'elles reſſentent maintenant, & qu'elles reſſentiront juſqu'à la fin du monde, & qu'elles pourroient jamais reſſentir juſqu'à une excellence infinie, & durant toute l'Eternité.

2 Mon Dieu, je renonce à tous les pechez, avec les plus fortes reſolutions que toutes les créatures ont jamais priſes, qu'elles prennent maintenant, qu'elles prendront juſqu'à

la fin du monde, & qu'elles pourroient prendre jusqu'à une excellence infinie, & durant toute l'Eternité.

3. Mon Dieu, je croi tout ce que je dois croire avec toute la Foi que toutes les créatures ont jamais euë, qu'elles ont maintenant, qu'elles auront jusqu'à la fin du monde, & qu'elles pourroient avoir jusqu'à une excellence infinie, & durant toute l'Eternité.

4. Mon Dieu j'espere en vôtre bonté infinie, avec toute l'Esperance que toutes les créatures ont jamais conçûë, qu'elles conçoivent maintenant, qu'elles concevront jusqu'à la fin du monde, & qu'elles pourroient concevoir jusqu'à une excellence infinie, & durant toute l'Eternité.

5. Mon Dieu, je vous aime, & je desire vous aimer avec tout l'amour que toutes les créatures vous ont jamais porté, qu'elles vous portent maintenant, qu'elles vous porteront jusqu'à la fin du monde, & qu'elles pourroient vous porter jusqu'à une excellence infinie, & durant toute l'Eternité.

6. Mon Dieu, je vous remercie de

tous vos bienfaits , avec toutes les reconnoissances, que toutes les créatures vous ont jamais témoignées, qu'elles vous témoignent maintenant , qu'elles vous témoigneront jusqu'à la fin du monde , & qu'elles vous pourroient témoigner jusqu'à une excellence infinie, & durant toute l'Eternité.

7. Mon Dieu , je vous offre en l'union des merites de vôtre cher Fils, toutes les Actes de vertus , que toutes les créatures ont jamais exercez , qu'elles exercent maintenant , qu'elles exerceront jusqu'à la fin du monde, & qu'elles pourroient exercer jusqu'à une excellence infinie , & durant toute l'Eternité.

8. Mon Dieu , je me resigne à souffrir pour vôtre amour toutes les afflictions que toutes les créatures ont jamais souffertes, qu'elles souffrent maintenant , qu'elles souffriront jusqu'à la fin du monde , & qu'elles pourroient souffrir jusqu'à une excellence infinie , & durant toute l'Eternité.

9. Mon Dieu , je vous prie pour tous les besoins des vivans , des mou-

rans, & des morts, avec toutes les prieres que toutes les créatures ont jamais
faites, qu'elles font maintenant, qu'elles feront jusqu'à la fin du monde, &
qu'elles pouroient faire jusqu'à une
excellence infinie, & durant toute l'E-
ternité.

10. Mon Dieu, je desire, & je veux
être à vous, avec tous les desirs que
toutes les créatures ont jamais formez,
qu'elles forment maintenant, qu'elles
formeront jusqu'à la fin du monde, &
qu'elles pouroient former jusqu'à une
excellence infinie, & durant toute l'E-
ternité.

Sur le dernier gros Grain.

SAinte Vierge, Mere de misericorde, priez, s'il vous plaît, vôtre
cher Fils, qu'il nous fasse misericorde : misericorde, ô doux Jesus, misericorde, soyez-nous Jesus, Jesus,
Jesus, Jesus.

CONSIDERATIONS POUR
exciter en nous l'amour de nôtre
Seigneur Jesus-Christ.

I. CONSIDERATION

JESUS AIMABLE.

LE Fils de Dieu voulant se faire aimer des hommes, n'a pû trouver
un moyen plus excellent que de se rendre semblable à eux, & de se faire homme ; parce qu'il a ainsi ramassé en lui
tout ce qu'il y a d'aimable, & dans Dieu,
& dans les hommes, & tout ce qui
attire le cœur de l'homme à aimer, soit
selon la nature, soit selon la grace, soit
selon la gloire, soit selon la Divinité.

Il est vrayement homme ; mais si ac-
compli & si parfait, qu'il a en soi tout
ce qui se peut rencontrer de beauté, de
bonté, & d'excellence dans un homme.

Il est Noble, descendant de quatorze
Rois : il est le plus beau de tous les
hommes : il est le plus sage qui ait été

& qui fera jamais, il eft doux, humble, genereux, charitable ; tout cela rend un homme fort aimable.

O Jefus ! que vous êtes aimable felon vos feules perfections naturelles : Jefus fi noble, Jefus fi beau, Jefus fi doux, &c.

Mais toutes ces qualitez naturelles, quelques grandes qu'elles puiffent être font beaucoup au deffous de la Grace : un feul degré de Grace donne bien plus de luftre & d'éclat que toutes le beautez naturelles. Un enfant qui par le Baptême vient de recevoir la grace, a en foi une chofe plus precieufe que l'or & que les perles, plus lumineufe que le Soleil, & plus belle que tout ce qu'il y a de beau dans tout l'ordre de la nature, foit dans le Ciel, foit dans la Terre, foit dans l'homme. L'Ange Saint Michel confideré avec fes feules perfections naturelles, eft moins beau qu'un petit enfant qui vient d'être baptisé.

O Grace ! que tu és donc belle ! que celui qui te poffede eft beau, & riche ! & que celui qui ne te poffede pas, eft laid & pauvre.

Que fi la moindre & la derniere grace donne tant de beauté , que feront
plufieurs graces ajoûtées les unes aux
autres ? Quelle eft donc la beauté des
Saints & des Ames fideles ?

Mais que fera-ce donc ? Que fera - ce
de toutes les graces ramaffées en une
même perfonne ? C'eft ce qui fe trouve
en Jefus , comme en leur Principe en
leur fource. Tout ce que les Saints &
tous les Juftes en ont , n'eft qu'une par-
ticipation de la plenitude des graces qui
font en Jefus. *De plenitudine ejus nos
omnes accepimus.*

Toutes les graces & toutes les vertus font en Jefus dans toute leur perfection : quelles beautez ; quelles richef-
fes ; quels trefors de charité envers
Dieu fon Pere , & envers les hommes ;
quels trefors d'humilité ; quels trefors
de patience ; quels trefors d'obéïffance ;
quels trefors de douceur ! &c.

Une feule de ces graces , une feule
de ces vertus dans un degré médiocre
rend un homme bien aimable : & fi a
mefure qu'une perfonne a plus de ver-

tus & plus de graces, elle est plus aimable : combien, ah ! combien, tant de
tresors assemblez avec toute leur excellence en Jesus le rendent - ils aimable ?
Un peu de patience, rend une personne
bien aimable ; un peu de douceur rend
une personne bien aimable ; un peu de
charité rend un homme bien aimable.
Donc la patience infinie de Jesus ne le
rend-elle pas infiniment aimable ? donc
l'infinie humilité de Jesus, son infinie
douceur, son infinie charité, ne le rendent - elle pas infiniment aimable ?

Ah Jesus ! que vous êtes aimable
dans l'ordre de la grace !

Comme la grace surpasse la nature ;
aussi la gloire surpasse beaucoup la grace. Le dernier des Bienheureux a en
soi une gloire si admirable, qu'elle est
beaucoup élevée au dessus de toutes les
beautez de la grace. Le moindre des
Saints dans l'état de la gloire est plus
grand que Jean-Baptiste même, le plus
grand des hommes dans l'état de la
grace.

O grace que tu és belle ! mais, ô
gloire, que tu l'és encore plus !

Que fi un feul degré de gloire releve une perfonne à une fi admirable beauté ? quelles beautez, & quelles excellences dans les grands Saints, dans les Anges & dans la fainte Vierge !

Mais quels prodiges ! quels excez ! quelles fublimitez dans celui qui les a toutes, & dans toute leur étenduë ! c'eft ce qui fe trouve dans Jefus !

O Jefus, que vous êtes donc beau ! que vous êtes éclatant, que vous êtes admirable ! Que fi toute beauté eft aimable, fi elle fe fait aimer, & fi plus la beauté eft grande, plus elle eft aimable : combien toutes les beautez qui font en Jefus, & qui y font établies dans leur plus beau jour, le rendent-elles aimable ? quelle force & quelle douce violence ne doivent-elles pas avoir pour nous attirer à l'aimer ! & qu'y a-t-il, foit en nous, foit hors de nous, qui nous en doive détourner ? où peut-on trouver hors de Jefus rien de plus beau & de plus aimable que Jefus ?

Mais la Divinité eft au deffus de toutes ces beautez crées de nature, de grace & de gloire. Divinité, qui eft une

mer incomprehensible de toutes sortes
de perfections ; c'est une Eternité au
delà de tous les tems ; c'est une im-
mensité au delà de tous les lieux ; c'est
une infinité au delà de toutes les grandeurs ; c'est une beauté, une lumiere,
une perfection infiniment infinie.

Jesus a en soi toutes ces perfections :
il a en soi, dit S. Paul, toute la plenitude de la Divinité.

Il est bon de la bonté de Dieu ; il est
sage de la sagesse de Dieu ; il est puissant de la puissance de Dieu ; il est beau
de la beauté de Dieu ; il est Saint de la
Sainteté de Dieu.

Et il est autant aimable qu'il est bon,
qu'il est sage, qu'il est puissant, qu'il
est beau, qu'il est Saint. Puis donc qu'il
est infiniment bon, infiniment sage, infiniment Saint, infiniment beau, infiniment puissant ; il est infiniment aimable.

O Jesus, que vous êtes donc aimable !

Aimable pour tous les dons de la nature !

Aimable pour toutes les perfections

de la grace.

Aimable pour toutes les excellences de la gloire.

Aimable, & infiniment aimable pour toutes les grandeurs infinies de la Divinité.

Mais aimable, & plus qu'aimable pour toutes ces perfections crées & incrées qui font ramaſſées en une même perſonne Divine, & par là toutes annoblies, toutes divinisées, toutes élevées à une excellence, à un merite, & à une valeur infinie.

Ah Homme-Dieu ! Ah Dieu-homme ! Ah Verbe Incarné ! Ah beauté ! Ah lumiere ! O amour ! O Jeſus, que vous êtes aimable, que vous êtes aimable !

II. CONSIDERATION.

JESUS AIMANT.

JESUS n'eſt pas ſeulement aimable, mais il aime encore.

Toutes ces admirables perfections ne le rendent ni fier ni dédaigneux, comme il arrive d'ordinaire aux hommes,

qui méprisent aisément ceux qui n'ont
pas les mêmes avantages qu'eux.

Si Jesus est infiniment aimable, il aime aussi infiniment ; & plus il aime,
plus il est aimable, & si aimable, que
quand il n'auroit pas toutes ces perfections de nature, de grace, de gloire,
& d'union à la Divinité, il seroit aimable par la seule raison qu'il aime ;
puisque l'amour merite, & demande
un amour reciproque.

Ah ! quelle fournaise d'amour pour les
hommes dans le cœur de Jesus ! il a aimé les hommes de toute Eternité, ayant
laissé porter l'Arrêt de damnation contre les Anges rebelles, & s'étant offert
pour satisfaire à la Justice de son Pere
pour les pechez des hommes.

Il aime dans son Incarnation, dans
laquelle il s'est humilié infiniment, substantiellement, éternellement ; infiniment, puisqu'il unit la hauteur infinie
de la Divinité au dernier de tous les
Estres qui est la chair ; substantiellement, puisqu'il s'unit à la substance
humaine ; éternellement, puisqu'il ne
quittera jamais ce qu'il a pris une fois :

Dieu sera homme à jamais, & à jamais
l'homme sera Dieu.

Qui l'a réduit à cet abaissement infini & éternel ? l'amour infini & éternel
qu'il a eu pour nous : humiliation infinie qui vient d'un amour infini : humiliation éternelle qui vient d'un amour
éternel

Ah que Jesus nous aime ! Ah que nous
sommes aimez de Jesus !

Il aime en sa Nativité : car quelle raison l'obligeoit à devenir Enfant, & à
choisir la pauvreté, l'étable, la creche,
le foin, le froid, n'étoit-ce pas l'amour
qu'il a pour nous ?

Il aime en toute sa vie : Qui l'a assu-
jetti à être mal logé, mal vêtu, mal
nourri, & à vivre en pauvre artisan ? ô
amour de Jesus envers les hommes !
que tu fais faire, & que tu fais souffrir
de choses à Jesus pour les hommes ?

Quel commencement, & quelle fin
de la vie de Jesus? naître dans une bour-
gade, mourir dans la Ville capitale du
Royaume ; naître en une étable, mourir en une Croix ; naître parmi des bê-
tes, mourir parmi des voleurs ; & pas-

ser sa vie dans une pauvre boutique, pour gagner du pain par le travail de ses bras, & à la sueur de son corps.

D où viennent toutes ces extremitez si contraires à ce qui lui étoit dû, mais si propres pour nous convaincre de l'amour qu'il a pour nous? Ce sont des preuves de son infinie charité, qui n'a jamais refusé de rien faire, ni de rien souffrir, qui pût nous être utile.

Il aime en sa Passion, qui toute cruelle qu'elle est, est encore plus une Passion d'amour, qu'une Passion de souffrance.

Arrêtons-nous ici à considerer comme il nous fait voir en sa Passion, qu'il nous aime veritablement.

1. Plus la personne qui souffre est rélevée, plus elle fait paroître d'amour à celle pour qui elle souffre.

2 Plus la personne pour qui elle souffre, est basse & ravalée, plus elle fait voir l'excellence de son amour. Une personne si relevée, souffrir pour une si vile, & si méprisable !

3. Plus ce qu'elle souffre est ignominieux & douloureux ; plus il faut que

ſon amour ſoit fort. Que ſi elle en vient juſqu'à ſouffrir la mort, & une mort infame, cruelle & publique, quel fond d'amour faut-il avoir pour en venir juſques-là ?

4. Si dans tout ce qu'elle ſouffre, elle ne cherche nullement ſes interrêts, mais ſeulement ceux de la perſonne pour qui elle ſouffre, dont elle n'a nul beſoin, & qui ne peut ni rien ôter, ni rien ajoûter à ſon bonheur.

5. Si elle ſouffre, non par aucune contrainte, ni par aucune violence, mais parce qu'elle le veut, & ſi elle le veut pour l'amour de celle pour qui elle ſouffre.

6. Si elle ſouffre, non pas pour ſon crime, mais pour celui de la perſonne qu'elle aime & qui la fait ſouffrir.

7. Si non ſeulement tout le crime eſt du côté de la perſonne pour qui elle ſouffre ; mais de plus, le crime de celle-cy eſt d'avoir offensé celle là ; en ſorte qu'au lieu de ſe vanger de l'offenſe qu'elle a reçuë, ſur la perſonne qui la lui a faite, elle s'en vange ſur elle-même, & pour décharger l'autre; quel

excès d'amour !

8. Si non seulement elle souffre pour l'autre, mais par l'autre : vous avez offensé une personne, & elle souffre le châtiment de l'offense que vous avez commise contre elle ; elle le souffre pour vous, afin de vous en exempter, & elle le souffre par vous-même, & le souffre trés-volontiers ; qu'est-ce que cela ? on s'y perd, quel amour !

9. Si pouvant satisfaire pour l'autre à fort peu de frais, sans grand travail, & sans grande peine ; neanmoins pour l'amour qu'elle lui porte, elle se livre à de grandes confusions, & à d'horribles peines.

10. Si par l'amour qu'elle a pour l'autre, elle anticipe même les peines, se les procure par avance & les augmente.

11. Si quelques grandes que soient les peines qu'elle souffre, la grandeur de son amour les lui fait trouver petites ; & si elle est toute prête d'en souffrir de bien plus grandes pour la personne qu'elle aime.

12. Si par ses souffrances elle delivre l'autre des plus grands maux qui puis-

fent arriver à une perfonne.

13. Si par fes fouffrances, non-feulement elle delivre l'autre des plus grands maux, mais aufli elle lui procure les plus grands biens qu'une créature puiffe recevoir.

14. Si elle ne demande autre chofe de la perfonne, pour qui, & par qui elle fouffre tant, que fon amour, & fi elle s'en trouve trés-contente, & trés-fatisfaite.

15. Enfin fi aprés tout cela, elle eft encore prête à lui pardonner, toutes les fois qu'elle vient à le méprifer, à l'offenfer & à l'outrager ; fi elle eft toûjours prête d'oublier tout le paffé, & de la combler de biens, pourvû feulement qu'elle l'aime.

Qu'elle forte d'amour eft-ce là ? quel prodige ! quel excès ! mais où trouvera-t-on un tel amour ? dans le cœur de Jefus. Oüi, dans le cœur de Jefus : dans ce cœur fi embrasé d'amour pour tous les hommes,

1. La perfonne qui fouffre, qui eft-elle ? c'eft une perfonne Divine, la feconde perfonne de la trés-fainte Trini-

té, une personne d'une excellence infiniment infinie, & en toutes sortes de
perfections.

2. Pour qui est-ce qu'elle souffre ?
pour une personne trés-vile, trés-abjec-
te, trés-indigne, qui n'a de son fond
que deux neans ; le neant de la nature,
qui la rend indigne de tout bien ; car
qui n'est rien, ne merite rien ; & le
neant du peché, qui la rend digne de
tous les maux.

3. Que souffre-t-elle ? la perte de tous
les biens qu'une créature peut perdre,
& un accablement de toutes sortes de
maux ; perte de biens ; d'honneur, &
de vie : de biens, Jesus n'avoit qu'une
pauvre robe, on l'a lui arrache : d'honneur, il est condamné par la Justice,
comme atteint & convaincu d'être criminel ; de la vie, il l'a perd par la mort
de la Croix, aprés avoir souffert les
plus humiliantes, & les plus sensibles
douleurs, que jamais homme aye souffertes.

4. Pour l'interêt de qui souffre-t-il ?
est-ce pour le sien, ou pour le nôtre ?
pour le sien ? nullement. Le Ciel lui

étoit acquis : & quand nous aurions été tous damnez , son bonheur n'eût pas été moindre par nôtre perte , que par celle des mauvais Anges. Nous ne pouvons rien ôter, ni rien ajoûter à sa felicité essentielle & infinie : c'est seulement pour nôtre interêt qu'il souffre.

5. Ce qu'il souffre , n'est aucunement contraint : car qui l'y eût pû forcer, s'il ne l'eût pas voulu ? les hommes ? ayant seulement dit un mot à ceux qui venoient pour le prendre , il les renversa tous par terre. Les Anges ? ils sont à son service , & ses fideles Ministres : les diables ? il les chassoit, & les mettoit en fuite : son Pere ? il n'a qu'à le prier , & il envoyera des Legions d'Anges pour sa défense. Qu'est-ce qui l'oblige donc à souffrir ? l'amour. C'est l'amour qu'il nous porte , qui fait que librement & sans contrainte il se soûmet à souffrir toutes ces peines.

6. Quel crime de son côté, pour l'obliger à souffrir ? il n'en a point, & il n'en peut avoir, étant infiniment Saint, & impeccable. Tout le mal est de nôtre

part, & c'est pour nos crimes qu'il endure.

7. Non seulement il souffre pour nos crimes : mais nos crimes font que nous l'avons offensé : & au lieu de se vanger sur nous des crimes que nous avons commis contre lui, il s'en vange sur lui-même ; qu'elle bonté ! quel amour !

8. Non seulement il souffre pour nous, mais il souffre par nous : il est offensé par nous, & il est puni par nous, & pour nous trés-volontiers.

9. Pouvant satisfaire pour nous par une parole, par un soûpir, par une legere souffrance, il s'abandonne à toutes sortes d'oprobres, d'affrons & de tourmens.

10. Il fait encore plus : par l'amour admirable qu'il a pour nous, il anticipe, il avance, il augmente ses peines ; afin de commencer plûtôt à souffrir, & de souffrir davantage pour nous.

11. Quelques peines qu'il endure, il les estime petites, & il est tout prêt d'en souffrir de plus grandes jusques à un tel excès, que quelques tourmens qu'on lui fit souffrir, & quelques longs

qu'ils fuſſent, ils ne ſçauroient égaler
la grandeur de ſon amour. Il étoit, &
eſt encore prêt d'être pour nous flagel-
lé, dechiré de coups, & crucifié juſqu'au delà de tous les ſiécles.

12. De quels maux nous delivre t-il
par ſes ſouffrances? Des plus grands,
des plus horribles, des plus longs qui
puiſſent arriver à une créature raiſon-
nable; de l'infamie du peché, de la colere de Dieu, du feu de l'enfer, de la
tyrannie des démons, & de la privation
éternelle de Dieu. Ces malheureux eſ-
prits ne les connoiſſent que trop par les
miſeres infinies & éternelles, où ils ſont
envelopez. Nous les ſouffririons comme eux, ſans l'amour & ſans la ſatisfaction de Jeſus.

13. Mais outre qu'il nous exempte
de toutes ces peines par les ſiennes, il
nous procure encore des biens ineſti-
mables: pour cette vie, la grace, la
protection de Dieu, le ſecours des Anges, la paix de la conſcience, les vertus. Et pour l'autre vie, un bonheur
que l'œil ne ſçauroit voir, ni l'oreille
entendre, ni l'eſprit concevoir; c'eſt

à dire la possession de Dieu , & avec Dieu la possession de toutes choses pour toute l'éternité. Si c'est témoigner de l'amour à un autre, que de lui procurer du bien ; quel est l'amour de Jesus, de nous avoir procuré de si grands biens ? ô amour infini de Jesus pour les hommes !

14. Pour cet amour admirable qu'il nous porte , & pour tout ce qu'il souffre par son amour, & pour tant de maux dont il nous exempte , & pour tant de biens qu'ils nous procure , que demande-t-il ? ah ! que n'a-t-il pas droit de demander , & que ne sommes nous pas obligez de lui accorder ? fallût- il souffrir toutes les peines imaginables ? Mais ce n'est pas ce qu'il demande de nous. Que demande-t-il donc ? il demande seulement que nous l'aimions. Pourvû que nous l'aimions , il est content, il est satisfait, il estime , & son amour & ses souffrances bien récompensées. O amour de Jesus envers les hommes ! ô amour ! ô admirable amour !

15. Enfin , quoi qu'après tout cela nous venions à l'offenser outrageuse-

ment, & fouvent ; il eft cependant toûjours prêt de nous pardonner nos crimes, d'oublier tout le paffé, & de nous
combler de biens , pourvû feulement
que nous l'aimions.

Outre cela ; prévoyant qu'aprés fa
Refurrection il devoit aller au Ciel, où
fon Pere l'appelloit , & qu'il falloit
quitter la terre & les hommes : que fait-
il pour contenter fon amour envers
nous, & pour ne pas defobéïr à fon Pere ? ô Myftere ! ô invention admirable!
il inftituë le trés-Saint Sacrement de
l'Autel , & par ce moyen au même
tems qu'il monte à fon Pere , il demeure avec les hommes , & fans quitter la terre , il va prendre poffeffion du
Ciel.

Quel excès d'amour ! que de miracles
en nôtre faveur ! il eft corporellement
au Ciel & en la terre, il eft fur la terre
autant de fois qu'il y a d'Hofties confa-
crées , il eft invifible , quoi qu'il foit
compofé de chair & d'os comme nous :
Il fe refferre dans le rond d'une Hoftie,
où il eft à la maniere des efprits , tout
entier dans toute l'Hoftie , & tout entier

tier dans chacune de fes parties. Il y
change le pain en fon Corps, & le vin
en fon Sang. Il y foûtient les accidens
du pain & du vin, fans leur fubftance,
& il y fait une infinité d'autres miracles, à la voix d'un Prêtre, quand il
feroit le plus méchant de tous les hommes. Faire tant de chofes étonnantes
pour demeurer avec les hommes ; fe
loger fi pauvrement ; fouffrir qu'on le
tienne dans des Tabernacles & des Ci-
boires fi mal propres ; y être fans l'ufa-
ge des fens ; captif pour nôtre amour,
expofé à tous les mauvais traitemens
qu'il reçoit des Heretiques, des Sorciers, des Pecheurs & de la plûpart des
Chrétiens. O amour ! ô Jefus ! ô que
Jefus nous aime !

Pour connoître encore plus clairement combien Jefus nous aime, confi-
derons cette furprenante & admirable
verité. De toutes les perfonnes qui ont
fait fouffrir Jefus, il n'en eft point qui
l'aye fait plus fouffrir que lui-même.
Oüi, c'eft Jefus qui donnoit de la force
à fes bourreaux. C'eft Jefus qui donnoit de la pointe aux cloux, & aux épi-

E

mes qui le perçoient ; & comme il con-
tribuë avec toutes les créatures pour
nous faire du bien , il cooperoit avec
toutes les créatures qui étoient les inf-
trumens de fon fupplice , pour le faire
fouffrir ; mais outre cela , il s'eft lui-
même abandonné aux peines interieures , qui étoient fans comparaifon plus
grandes que les exterieures ; ces triftef-
fes mortelles , ces ennuis , ces craintes,
cette agonie , cette fueur d'eau & de
fang , & cette contrition infinie.

De forte qu'il eft vray de dire , qu'aucun n'a été fi rigoureux envers Jefus ,
que Jefus même.

Mais pourquoi tant de rigueur ? c'eft
pour l'amour qu'il nous porte : cette rigueur qu'il a euë envers lui-même , n'a
été que l'effet de fon amour envers
nous.

O rigueur ! ô amour ! ô rigueur de
Jefus envers Jefus ! ô amour de Jefus
envers nous ! ô que Saint Gregoire de
Nyffe à raifon de dire que l'amour eft
un doux tyran : doux à la perfonne aimée , tyran à la perfonne qui aime ; l'a-
mour de Jefus a été doux envers nous,

mais tyran, mais cruel envers Jesus. O quel amour !

Dévelopons encore un peu cette admirable verité.

Jesus a été si doux envers nous, & si rude envers lui-même, & il n'a été rude envers lui qu'à cause de la douceur & de l'amour qu'il avoit pour nous.

Jesus si grand : nous si petits.

Jesus si parfait : nous si imparfaits.

Jesus si saint : nous si méchans.

Jesus si aimable : nous si haïssables.

Jesus étant si grand, si parfait, si saint, si aimable : O qu'il avoit de sujet de s'aimer soy-même !

Et nous étant si petits, si imparfaits, si méchans, si haïssables ; ô qu'il avoit de sujet de nous haïr ! cependant, il nous a plus aimez que lui-même; il s'est oublié de lui-même pour se souvenir de nous, il s'est immolé pour nous, il s'est sacrifié pour nous, & en la Croix par les mains des bourreaux, & au jardin par ses peines interieures, & mêmes dés la veille de sa mort, selon le sentiment de Saint Gregoire de Nysse, qui dit, que Jesus établissant le Saint Sacrement de

l'Autel, se donna à lui-même une mort
mistique, étant & l'Hostie & le Prêtre;
l'Hostie immolée, & le Prêtre immo-
lant; se réduisant en ce Mistere dans un
état de mort, qui commença dés lors, &
qui continuëra jusqu'à la fin du monde.

O mort! ô amour! ô Jesus mort par
son amour!

Tâchons de penetrer encore plus avant
dans le cœur de Jesus.

Nous sommes tous remplis d'amour
propre, & Jesus nous aime encore plus
que nous ne nous aimons nous-même.

Il l'a bien montré, puisqu'il a plus
fait, & plus souffert pour nous, que
nous ne faisons; & que nous ne souf-
frons pour nos propres interrêts.

Jesus s'est privé de tous les effets sensibles de sa gloire pour l'amour de nous,
& nous ne voulons pas nous priver des
moindres satisfactions pour le bien de
nos ames.

Jesus a jeûné pour l'amour de nous
quarante jours & quarante nuits, sans
boire & sans manger, & à peine fai-
sons-nous quelques abstinences pour
nous-mêmes.

Jesus a pasſé les nuits à prier pour nous , & nous avons de la peine à employer quelques heures à prier pour nous mêmes.

Jesus à vêcu , & eſt mort pauvre pour nous , & nous ne voulons manquer de rien pour le bien de nos ames.

Jesus a bien voulu être déchiré de coups pour nous ſauver , & nous ne voulons point faire penitence pour nous - mêmes.

Jesus s'eſt ſoûmis à toutes ſortes d'afflictions, juſqu'à mourir pour nous, & a mourir ſur la Croix : & nous ne voulons rien ſouffrir pour nous - mêmes.

N'eſt - ce pas là nous monter que quelqu'amour que nous ayons pour nous, Jeſus en a encore bien d'avantage.

Ah ! que nous ſommes pleins de l'amour de nous - mêmes ; & neanmoins cet amour eſt infiniment moindre que celui de Jesus envers nous.

Que ſi la difficulté qui ſe trouve à ſouffrir, nous fait éviter les ſouffrances de tout nôtre pouvoir, Jesus avoit bien plus de ſujet de les éviter puiſqu'elles lui étoient ſans comparaiſon plus ſenſibles qu'à nous.

O amour de Jesus ! amour de Jesus envers les hommes plus grand que l'amour des hommes envers eux-mêmes !

Enfin pour comble de tendreſſe, quelque obligation que nous ayons de ſouffrir pour nous-mêmes, il ne demande pas que nos ſouffrances égalent les ſiennes. Non, il ne demande pas que nous ſoyons déchirez de foüets, ny que nous ſoyons couronnez d'épines, ny que nous ſoyons attachez à la Croix : il ſe contente que nous faſſions quelques petites penitences ; il a même compaſſion de nous quand nous les faiſons ; il les unit aux ſiennes pour leur donner un merite infini ; & il veut bien partager ſa gloire avec nous, pour peu que nous prenions de part à ſes peines.

O Jeſus, que vous nous aimez ! je le dirai encore une fois, mille fois, cent mille fois : ô Jeſus que vous nous aimez ! Vous nous le témoignez encore tous les jours par tant de biens de la nature & de la grace que vous nous faites ſans-ceſſe O que vous nous aimez ! Hélas ! vous ſouffrez nos ingratitudes, & vous nous rendez le bien pour le mal.

O Jesus ! quelle opposition de vous &
de nous ! de vous à nous combler de
biens , & de nous à vous offenser par
nos pechez !

O Jesus ! Jesus qui dit Jesus ! Ah !
qu'il dit de grandeurs & de perfections!
mais qu'il dit de bonté & de douceur ,
de tendresse & de clemence.

III. CONSIDERATION

JESUS AIMÉ.

JEsus étant si aimable , & nous aimant avec tant d'excez, il merite bien
d'être aimé ; mais l'a-t-il été ? l'est-il ?

Il l'est sans doute de son Pere , qui
l'aime au delà de toute mesure , & qui
prend en lui des delices & des complai-
sances infinies : Ah quel amour du Pere
Eternel envers Jesus ! & quel amour de
Jesus envers son Pere ! Amour de l'un
& de l'autre absolument infini.

Il est aimé du Saint Esprit , qui est
tout amour pour Jesus, & qui répand
dans les cœurs qui s'abandonnent à sa
conduite l'amour de Jesus : O amour

du S. Efprit, envers Jefus ! ô amour de Jefus envers le S. Efprit! amour du Saint Efprit, amour perfonnel, amour fubftantiel , amour infini, il eft aimé de fa Mere ! ô amour de Marie envers Jefus !

Il y a plus d'amour dans le cœur feul de Marie pour Jefus qu'il n'y en a dans les cœurs de tous les Anges & de tous les hommes.

O cœur ! ô cœur de Marie ! tout feu, tout flâme , tout amour pour Jefus.

Il eft aimé de tous les Anges , de tous les Saints & de tous les Bienheureux : Tour le Ciel n'eft qu'amour pour Jefus : amour pur , amour profond , amour continuel, amour ineffable.

Il eft aimé de toutes les ames du Purgatoire , qui font incomparablement plus embraffées de l'amour de Jefus , & du defir de le voir, que du feu qui les brûle.

Il eft aimé de tous les Juftes, qui font en ce monde , qui aimeroient mieux perdre tout que l'amour de Jefus.

Comme l'amour de Jefus envers les hommes, a tant fait fouffrir Jefus pour les hommes ; que ne fait pas fouffrir

aux hommes l'amour des hommes envers Jefus ? fe déchirer de coups , porter jour & nuit les Haires & les Cili-
ces , jeûner rigoureufement les mois &
les années entieres , paffer fa vie en prieres , traverfer les mers, s'expofer à mille morts , fouffrir les prifons , les chaî-
nes & les bûchers ardens , pour faire
connoître combien on aime Jefus , &
combien on fouhaitte que Jefus foit
connu & aimé de tout le monde. O Jefus vrayement aimé de tous les bons
cœurs, qui ne font bons , que parce
qu'ils aiment Jefus , & qui font d'autant meilleurs , qu'ils ont plus d'amour
pour Jefus !

Mais venons à nous : en verité Jefus
a-t-il été aimé de nous par le palsé ?
l'eft-t-il maintenant ? l'avons-nous aimé ? l'aimons-nous ? Voyons.

Eft-ce l'aimer , que de l'offenfer fans
cefle ?

Eft-ce l'aimer que de dire , & que
de faire des chofes qui lui déplaifent ,
& de ne pas dire , & de ne pas faire ce
qui lui plaît ?

Eft-ce l'aimer , que de penfer plus à

d'autres chofes qu'à lui ?

Eft-ce l'aimer, que d'avoir plus d'attache & plus d'application à toute autre chofe qu'à ce qui eft de fon fervice ?

Eft-ce l'aimer, que de lui rendre le mal pour le bien, que d'abufer de fes dons contre lui-même, que de s'ennuyer en fa compagnie, que de fe plaire plus avec le monde qu'avec lui ?

N'eft-pas ainfi que nous l'avons traité jufqu'à prefent ? Ah ! que cela eft vrai ; mais que cela eft honteux.

Jefus eft fi aimable : Jefus m'aime tant : Je devrois l'aimer infiniment plus qu'il ne m'aime, parce qu'il eft infiniment plus digne d'amour que moi : mais je ne puis, parce que je ne fçaurois produire un amour infini ; mais au moins j'aurois dû l'aimer de tout mon pouvoir : Helas ! quand je l'aurois aimé de tout mon pouvoir, ce feroit encore fi peu de chofe; car ce que je puis, qu'eft-ce ? fi peu, fi peu.

Et toutefois je ne l'ai pas aimé autant que j'ai pû, je ne l'ai point aimé de tout mon cœur, & j'ai toûjours partagé mon cœur avec les creatures.

Quand nous l'aurions aimé & quand nous l'aimerions plus que toutes les créatures, ce seroit encore peu de chose ; car que sont toutes les créatures en comparaison de Jesus ; c'est donc peu l'aimer que de lui dire ; je vous aime plus que mes amis, que moi-même, plus que toutes les créatures ; puisque toutes les créatures ne sont rien en comparaison de Jesus.

Ah mon cœur, miserable cœur ! qu'as-tu aimé ? & que n'as-tu pas aimé ? tu as aimé, quoi ? ce que ma langue n'ose dire, & ce que mon esprit a honte de penser ; & tu n'as pas aimé Jesus.

Quelque haine que tu puisse avoir contre toi même ; tu ne te haïras jamais assez, d'avoir tant aimé des choses si basses, & si méprisables, & de n'avoir pas aimé Jesus. Que dis-je ne l'avoir pas aimé ? l'avoir tant offensé, l'avoir tant outragé, avoir tant abusé de ses biens contre lui-même.

Ah Jesus si aimable ! Jesus qui aime tant ! Jesus si peu aimé ! Aimable par dessus toutes choses, & moins aimé que les moindres choses.

Jesus qui aime tant, qu'il m'a plus aimé que son honneur qu'il a perdu pour
moi ; que son précieux Sang qu'il a
versé pour moi ; que sa propre vie qu'il
a sacrifiée pour moi.

Et moi je l'ay moins aimé qu'un
point d'honneur imaginaire, & qu'une
legere satisfaction des sens.

Ah quel aveuglement ! Jesus le meil-
leur ami : nul autre ne nous aime comme lui.

Jesus le plus puissant ami : nul autre
ne nous peut aider comme lui

Jesus le vrai ami, qui ne cherche pas
ses interêts, mais les nôtres.

Jesus le liberal ami, qui se dépoüil-
le de ses biens pour nous enrichir.

Jesus le fidelle ami, qui n'abandonne
jamais ceux qui l'aiment.

Et neanmoins Jesus si parfait ami, a
si peu d'amis ; il est si peu aimé, il est si
mal traitté, tant offensé, & par ceux-
là mêmes qui devroient mourir pour
son amour. Je suis moi-même de ce
nombre, moi qu'il a tant aimé, qu'il a
tant cheri, moi qu'il a tant obligé. Ah !
Ah ! Ah !

*Icy étonnement, confusion,
silence, regret.*

Ah Jesus comment avez-vous pû tant aimer un sujet aussi miserable que moi !

Mais comment ay-je pû aimer si peu un objet aussi aimable que vous ?

Mais comment est-ce que j'ai pû me resoudre à vous offenser ! Hélas ! quel sujet m'en donniez-vous ?

Mais comment est-ce qu'aprés tous ces mauvais traitemens vous me tendez encore les bras, & m'ouvrez vôtre cœur pour me recevoir ?

Ah ! je m'y jette donc, ô bon Jesus ! oüi je me jette dans vôtre cœur charitable, je me jette à vos pieds comme Magdeleine vôtre Sainte Amante ; & je vous crie de toute l'étenduë d'un cœur contrit, pardon, mon Jesus, pardon, pardon de tout le passé.

Mais pour l'avenir ; pour l'avenir ; ce seroit encore differer, pour le present, & dès maintenant je vous aime, oüi, Jesus, je vous aime de tout mon cœur, & je vous aimerai pour jamais.

O Jesus aimable ! ô Jesus aimant ! ô Jesus aimé ! je vous aime, & je vous veux aimer autant qu'il m'eſt poſſible.

Mais parce que tout ce que je puis eſt peu de choſe, je vous aime de tout l'amour qu'ont pour vous tous les gens de bien qui ſont en ce monde.

Je vous aime de tout l'amour qu'ont pour vous toutes les ames du Purgatoire.

Je vous aime de tout l'amour qu'ont pour vous toutes les ames bienheureuſes.

Je vous aime de tout l'amour qu'ont pour vous tous les Anges.

Je vous aime de tout l'amour qu'à pour vous vôtre digne Mere.

Je vous aime de tout l'amour que vous avez vous même pour vous même.

Je vous aime de tout l'amour que vôtre Pere Eternel, & le ſaint Eſprit ont pour vous.

C'eſt ainſi, qu'autant que vous êtes aimable, & que vous aimez, autant êtes-vous aimé : Jeſus infiniment aimable : Jeſus infiniment aimant : Jeſus infiniment aimé : ô Jeſus ! ô Amour ! Jeſus, Jeſus, Jeſus.

PRATIQUE
DE LA
CONTEMPLATION.

AVERTISSEMENT.

COMME les veritez que l'on propose dans les Contemplations suivantes sont les principales de la vie unitive, & qu'elles contiennent plusieurs autres veritez il faut tâcher avec la grace du S. Esprit de les penetrer en elles-mêmes, & dans toute leur étenduë, par forme de Contemplation d'une veuë simple & arrêtée ; ainsi qu'en ouvrant une fenêtre, on porte en même tems les yeux, non seulement sur ce qui en est proche, mais encore sur ce qui en est plus éloigné, sans discours & sans raisonnement.

2. Il y a deux extremitez à éviter dans cet exercice, la paresse spirituelle, & la curiosité. L'effet de la paresse spirituelle est de lire froidement ces considerations, & ne faire aucun effort pour les penetrer. L'effet de la curiosité est de passer legerement sur toutes ces veritez, & de se porter d'un article à l'autre avec précipitation. Pour y remedier, il faut lire avec une application raisonnable chacune de ces propositions, & s'y arrêter tout le tems que l'on s'y trouve occupé d'une sainte affection, sans se mettre en peine de passer à une autre, ni de la lire même toute entiere, si ce n'est que l'on s'apperçoive, que cette affection diminuë ; & qu'il est tems d'en prendre une autre.

3. Cette maniere d'Oraison demande à peu prés la même disposition que l'on apporte au sommeil du corps. Ce que l'on fait pour s'endormir plus aisément, est de se tenir dans l'état le plus paisible que l'on peut, sans se remüer, ni s'attacher à aucune pensée. Ainsi les personnes qui prétendent au repos de l'Oraison, & qui veulent laisser agir le

Saint

Saint Esprit dans leur ame , doivent se mettre dans une parfaite tranquilité d'esprit & de corps , sans souffrir aucune pensée , ni aucune affection qui s'oppose à l'action de Dieu.

4. L'on ne sçauroit dire tous les avantages que l'on tire de cette retenuë des sens exterieurs & interieurs en la presence de Dieu. Elle est surnaturelle comme l'Oraison , qui est sa fin. Elle est par elle-même une bonne & excellente Oraison. Elle nous fait prendre insensiblement cette égalité d'humeur si recommandée par les Peres de la vie spirituelle , & quand elle ne feroit autre chose que de moderer les passions , ce seroit toûjours une grande vertu.

CONSIDERATIONS

SUR L'AMOUR DE DIEU.

§. 1.

Dieu est bon , oüi sans doute , il est bon , & infiniment bon , Dieu est bon d'une bonté qui n'est point bornée, ni paſſagere ; mais d'une bonté in-finie, immüable, & éternelle.

Une telle bonté ne merite-t-elle pas bien d'être aimée, & d'être aimée infi-niment? Ah qui l'aimeroit autant qu'el-le merite d'être aimée ! Nous ne pou-vons avoir un tel amour ; mais nous en pouvons avoir le deſir.

Ah ! mon Dieu, je deſire, oüi je de-ſire de vous aimer autant, que vous me-ritez de l'être.

§ 2.

DIeu m'aime, cela eſt vrai, Dieu m'aime: Quel honneur ! quelle conſolation !

Et il m'aime d'un amour ſi grand, ſi parfait, qu'il eſt égal à lui, infini, éter-nel ; car il n'y a point en Dieu d'inéga-lité, il n'y a point de plus & de moins ; tout ce qui eſt en Dieu eſt Dieu, grand, immenſe, éternel, infini comme Dieu.

Dieu donc m'aime d'un amour in-fini.

Ah quelle grandeur d'amour en Dieu pour moi ! & moi quel amour ne de-vrois-je pas avoir pour lui ? je devrois l'aimer d'un amour infini.

Mais je ne puis avoir un si grand a-
mour: mon cœur n'en est pas capable, il
n'appartient qu'à Dieu seul de s'aimer
de la sorte: aimez-vous donc, mon Dieu,
aimez-vous comme vous meritez , &
parce que vous vous aimez ainsi ; je
m'en réjoüis, & j'honore de tout mon
cœur l'amour que vous vous portez.

Mais pour n'être pas ingrat, je vous
veux rendre, autant qu'il m'est possible amour pour amour. Vous m'aimez
de tout vous-même , & moi je vous
aime de tout moi-même : vous êtes infini, & moi je suis fort petit & fort
borné ; mais qui donne tout, donne ce
qu'il peut, & vous en êtes content. Je
vous donne donc, mon Dieu, tout pour
tout, vous m'aimez de tout vous même, & moi je vous aime de tout moi-
même.

§. 3.

DIeu veut que je l'aime. Il le veut
sans doute, & il me le comman-
de. C'est que l'amour demande le reciproque, l'amour demande l'amour :
voilà ce que Dieu me demande.

N'est-ce pas un grand honneur qu'il

F ij

me fait de me le demander, & n'eſt-il pas bien juſte que je lui accorde ?

Combien de fois neanmoins me l'at-il demandé ? quelle bonté ! & combien de fois le lui ay-je refuſé : quelle ingratitude !

Maintenant, ô mon Dieu ! je vous prie d'accepter ce que vous me demandez depuis ſi long-temps ; mon cœur, ma volonté, mon amour, ne demandez plus, mon Dieu ; mais poſſedez, embraſez, transformez tout mon cœur en amour pour vous.

§. 4.

DIeu me donne ſa grace pour l'aimer ; cela eſt vrai, & il eſt auſſi vrai, qu'il veut que je l'aime ; car ſans ſa grace je ne pourrois l'aimer d'un amour de Charité, tel qu'il demande de moi.

Il me donne donc ſa grace pour l'aimer ; pourquoi ne la recevrois-je pas ? je la reçois de tout mon cœur.

Et pourquoi l'ayant reçeuë, & pouvant avec elle aimer Dieu, ne l'aimerois-je pas ?

Mon Dieu, je reçois vôtre grace

comme vous me la prefentez, & je l'employe toute entiere avec ma volonté à vous aimer : oüi, mon Dieu, je vous aime felon toute vôtre grace, & felon tout mon pouvoir.

§ 5.

DIeu s'applique plus à moi feul, pour m'attirer à l'aimer, qu'au gouvernement de tout le monde fenfible.

Et quand il me prefente une grace pour l'aimer, il me prefente une chofe qui eft incomparablement plus belle que les Eftoiles, que le Soleil, & que les Anges mêmes dans leur pure nature.

Et quand avec fa grace je fais un acte d'amour de Dieu, je fais la chofe la plus belle, & la plus utile qui foit au monde.

Pourquoi donc n'aimerois-je pas mon Dieu deformais ? tout mon emploi fera d'aimer Dieu : Oüi, mon Dieu, toûjours grace de vôtre côté, & toûjours amour du mien; flux de grace, reflux d'amour, de vous en moi, de moi à vous.

§. 6.

O Mon ame ! à quoi penses-tu, quand tu ne penses pas à Dieu ?

Helas ! à quoi penses-tu ? tu penses à toy-même, aux créatures, à mille choses superfluës.

Tu penses donc plus au monde qu'à Dieu même, & neanmoins est-il rien au monde qui doive t'occuper comme Dieu ?

O mon ame ! qu'aimes tu ? quand tu n'aimes pas Dieu ?

Est-il rien hors de Dieu, qui ne soit infiniment au dessous de Dieu, moins beau que Dieu, moins bon que Dieu, moins aimable que Dieu ?

Et tu aimes cela plus que Dieu ? au moins tu l'as plus aimé ? mais à present, quoi ? mais à l'avenir, quoi ? ah, mon Dieu ! mon Dieu, c'est vous que j'ai-merai à l'avenir, plus que toutes les créatures du monde.

§. 7.

Dieu s'applique à moi, comme s'il n'y avoit que moi au monde : oüi, il s'applique à moi comme s'il n'y avoit que moi, ou qu'il n'eût soin que de moi, & tout ce qu'il fait pour les autres, ne le distrait, ni ne le détourne en rien de s'appliquer à moi.

Ne dois-je donc pas aussi m'appliquer à lui, comme s'il n'y avoit que lui au monde, ou qu'il n'y eût point de monde? Dieu à moi seul, moi à Dieu seul, Dieu seul, Dieu seul, Dieu seul, dans mon esprit, Dieu seul dans mon cœur, Dieu seul ma vie, Dieu seul mon bien, Dieu seul mon tout.

§. 8.

Dieu m'aime, cela est vrai, & il m'aime sans cesse: il me le fait bien connoître, puisque sans-cesse il me fait du bien: ah! qu'il m'en fait continuellement, & en mille façons.

Et comme il m'aime, & me fait du bien sans-cesse, aussi sans cesse veut-il que je l'aime.

Et comme sans cesse il veut que je l'aime, aussi sans-cesse m'offre-t-il sa grace pour l'aimer.

Et comme sans-cesse il m'offre sa grace, il faut que sans-cesse je la reçoive, & que sans cesse je l'aime: il faut donc que je me tienne toûjours recevant &

aimant, recevant sans-cesse, & sans-cesse aimant.

Voilà mon emploi, mon unique emploi pour le reste de ma vie.

§. 9.

DE tous les emplois qui sont au monde, non seulement il n'y en a pas de comparable à celui d'aimer Dieu ; mais tous emsembles ne le sçauroient égaler. Pourquoi donc ne m'y adonnera-je pas ?

O emploi précieux ! qui s'y adonne, & qui s'y applique, n'a pas sujet de porter envie à aucun de tous les autres emplois du monde ; & ceux qui s'adonnent à d'autres choses, ont sujet de porter envie à ceux qui s'adonnent à celui-ci.

Aimer Dieu, c'est le plus bel employ des Anges, des Saints, & de Dieu même.

§. 10.

UN Dieu d'infinie majesté s'applique à moi avec une bonté infinie, & me communique ses graces, afin que je m'applique aussi à lui, & que je l'aime, & je ne m'y rendrois pas ?

Me

Me voila tout rendu, mon Dieu, me
voila tout rendu, & de tout mon cœur,
& pour toûjours.

§. 11.

O Mon Dieu, que j'ay été infidele
dans mes Oraisons, & dans mes
plus saintes resolutions ! je vous disois,
ou de bouche, ou d'esprit que je vous
donnois mon cœur, & ce cœur étoit
encore à moi, aprés vous avoir dit qu'il
étoit à vous.

Mais maintenant, mon Dieu, je le
dis, & je veux sincerement ce que je
dis : je vous donne mon cœur, oüi, je
vous le donne, il est à vous, mon Dieu,
il est à vous, il n'est plus à moi, ny a
aucune créature, il est à vous ; disposez-
en comme il vous plaira.

§. 12.

D Ieu n'agit point en moi par inter-
valle, m'offrant sa grace, & puis
ne me l'offrant plus : non, il n'agit point
ainsi envers moi ; comme sans-cesse il
me donne l'être, aussi sans cesse m'offre-t-il sa grace, il ne tient qu'à moi de
recevoir toûjours sa grace, & de l'aimer
toûjours.

G

Il ne tenoit qu'à moi d'aimer Dieu ; pourquoi ne l'ai - je pas aimé ? Ah ! mon Dieu, vous le vouliez, & moi je ue le voulois pas.

Mais maintenant, ô mon Dieu ! je le veux, ouï sans doute, je le veux : Amour, mon Dieu, Amour, Amour, Amour, Amour.

§. 13.

MOn occupation interieure fera de tenir mon cœur si dégagé, si paisible, & si soûmis, que je n'empêche en rien, ni la production, ni l'augmentation de l'amour divin en moi, & dés maintenant, ô mon Dieu ! je me prefente devant vôtre infinie Majefté, dégagé, paifible, foûmis autant qu'il m'eft poffible.

Voilà ce que je puis de mon côté, faites ce qui eft du vôtre, mon Dieu, donnez-moi vôtre amour, & augmentez-le, jufqu'à ce qu'il foit tel que vous le voulez.

§. 14.

JE ne veux plus regarder mon cœur, comme une chofe qui m'appartienne. Il est à vous, ô mon Dieu ! il est juste que vous en soyez le maître. Je vous le laisse, & vous l'abandonne, gouvernez-le comme il vous plaira.

Ce cœur, qui est en moi, n'est plus à moi ; ce n'est plus mon cœur, il est à Dieu ; c'est le cœur de Dieu que je dois laisser, & que je laisse avec respect à mon Dieu ; c'est son domaine, c'est sa demeure, c'est son Temple. Je consens qu'il y agisse, ou qu'il n'y agisse pas ; qu'il y répande ses lumieres ou qu'il le laisse en tenebres ; comme il lui plaira.

§. 15.

PUisquil n'est question que d'aimer Dieu, pour que mes pechez soient effacez, les graces me soient donneés, mes ennemis vaincus, mon salut en seureté, Dieu sera content ; dés ce moment, sans tarderdavantage, je veux aimer mon Dieu, & ne cesser jamais de l'aimer.

Je veux faire tout ce que mon amour veut de moi ; car son amour ne veut rien de moi, que je ne veüille faire & souf-frir pour lui, fallût-il, &c.

§. 16.

JE ne puis pas disposer de mon esprit comme je veux , pour prendre les pensées que je voudrois ; mais je puis disposer de mon cœur , pour prendre les affections que je veux. Sans me mettre donc en peine de mes pensées , j'appliquerai mon soin à n'avoir plus de cœur , ni d'affection que pour mon Dieu; tout cœur pour Dieu ; tout amour pour Dieu.

§. 17.

QUe l'on employe mal son tems , quand on l'employe à faire autre chose qu'à aimer Dieu ; puisque tout le tems qui n'est pas employé à aimer Dieu , est non seulement un tems perdu pour jamais ; mais que c'est une éternité d'amour perduë , que l'on auroit ga- gnée , si on avoit employé ce tems à aimer Dieu : ah ! mon Dieu, que j'ai perdu de tems , & que j'ai perdu d'é- ternitez d'augmentation d'amour pour mon Dieu ! ah ! que j'en ai perdu ; mais pour n'en perdre plus , dés à present je vous aime , & je veux vous aimer au- tant que je puis , sans cesser depuis ce moment jusqu'au dernier de ma vie, je veux vivre & aimer en même tems , & à l'instant même de ma mort, je veux mourir en vous aimant , & vous aimer en mourant.

§. 18.

FAut-il rejetter si long-tems la chose du monde la plus précieuse, & dont la possession dépend de nous ? Quoi de plus glorieux , de plus utile, de plus doux , & de plus excellent? pourquoi donc resister à l'amour ? pourquoi differer d'aimer un Dieu, qui m'a aimé de toute éternité ?

Ah ! mon Dieu , pardon de toutes mes resistances passées : Amour divin , je ne vous resiste plus : au contraire, je vous souhaitte , je vous desire , soyez à moi, je suis à vous , je suis à vous , je suis à vous , tout à vous.

§. 19.

MOn Dieu , mon Dieu , c'est vous même que je cherche.

Ce que je vois , n'est point ce que je cherche ; ce que je touche , n'est point ce que je cherche ; ce que je goûte , n'est point ce que je cherche ; ce que je sens, n'est point ce que je cherche ; ce que j'entens, n'est point ce que je cherche ; ce que je m'imagine, n'est point ce que je cherche, ce que je conçois, n'est point ce que je cherche ; les biens, les plaisirs, les choses de la terre ne sont point ce que je cherche.

C'est vous, mon Dieu, qui m'êtes plus intime que ce que je conçois ; plus proche que ce que je m'imagine ; plus clair que ce que je vois ; plus present que ce que j'entens ; plus savoureux que ce que je goûte ; plus doux que ce que je sens ; plus palpable que ce que je touche.

C'est vous, mon Dieu, c'est vous-même que je cherche, c'est vous qui m'êtes plus intime, que je ne le suis à moi-même, c'est vous qui êtes l'esprit de mon esprit ; c'est vous qui êtes l'ame de mon ame ; c'est vous qui êtes la vie de ma vie ; c'est vous qui êtes ma vie.

C'est de vous que je suis ; c'est par vous que je suis ; c'est pour vous que je suis ; c'est à vous que je suis, c'est vous qui êtes mon tout ; & tout ce qui est en moi , n'est point à moi , il est tout à vous , tout à vous , & pour jamais.

Mon Dieu ma vie ; mon Dieu mon bien ; mon Dieu mon amour ; mon Dieu mon tout.

§. 20.

TOute la conduite de ma vie est pour mon esprit , un regard doux, respectueux & continuel vers vous , mon Dieu , & pour mon cœur une soumission sincere, paisible & entiere à vôtre operation dans moi.

C'est - là , Seigneur , la disposition interieure de mon ame , si ce n'est que vous y operiez , ou que vous m'y fassiez operer autre chose.

DIVERS MOTIFS
DE L'AMOUR
DE DIEU.

UNE infinité de motifs nous obligent à aimer Dieu.

1. Il n'y a rien de plus raisonnable que d'aimer une bonté si parfaite, & si bien-faisante, qui nous a tant obligez, & qui nous oblige tant tous les jours.

2. Il n'y a rien de plus juste que d'obéïr au Commandement que Dieu nous fait de l'aimer.

3. Il n'y a rien de plus honorable que d'élever nôtre amour au dessus de toutes les créatures, & de le porter à Dieu.

4. Il n'y a rien de plus excellent, puisque tout ce que nous pouvons faire, est moins qu'un atôme, en comparaison d'un Acte d'amour de Dieu.

5. Il n'y a rien de si utile ; parce que l'amour divin nous merite la possession de Dieu, & tous les biens qui l'accompagnent dans l'Eternité.

6. Il n'y a rien de plus facile ; puisqu'il n'est question que d'aimer, & d'aimer une bonté, & une beauté infiniment aimable, & qui nous a donné un cœur capable de l'aimer, & qui nous donne toutes les graces necessaires pour l'aimer.

7. Il n'y a rien de si necessaire, puisqu'il faut aimer Dieu, ou être damné ; c'est une necessité absoluë, ou d'être possedé du feu de l'amour divin en ce monde, ou de brûler en l'autre du feu de l'Enfer.

8. Il n'y a rien de plus important pour l'Eternité : Et afin de le bien comprendre, répondez vous-même aux questions suivantes.

Qui est-ce qui ne regrette d'avoir omis par le passé mille & mille Actes d'amour de Dieu, & qui ne voudroit en faire autant à l'avenir qu'il en a omis par le passé ? qui ne le voudroit de tout son cœur ?

Qui est-ce qui ne voudroit faire autant d'Actes d'amour de Dieu qu'en fit
Sainte Magdelaine depuis sa conversion, & qu'en ont fait tant de bonnes
ames en toute leur vie ?

Qui ne voudroit en faire autant qu'il
s'en est fait, qu'il s'en fait, & qu'il s'en
fera depuis le commencement du monde jusqu'à la fin ?

Vous avoüez qu'il faudroit n'avoir
nul sentiment de pieté pour ne le desirer pas de toutes ses forces. Quoi ? pouvoir faire moi seul autant d'Actes d'a-
mour de Dieu qu'en ont fait, & qu'en
feront tous les gens de bien en ce monde ? qui ne le voudroit ? ah ! si je le pouvois ; que ne ferois-je pas pour obtenir
un si grand bien ?

Mais au contraire qui est-ce qui voudroit omettre à l'avenir autant d'Actes
d'amour de Dieu, qu'il en a omis par
le passé.

Qui est-ce qui voudroit empêcher autant d'Actes d'amour de Dieu qu'en a
faits Sainte Magdelaine depuis sa conversion, & tant d'autres Saints en toute leur vie ?

Qui voudroit empêcher, s'il pouvoit,
autant d'Actes d'amour de Dieu, qu'il
s'en eft fait, qu'il s'en fait, & qu'il s'en
fera depuis le commencement du monde jufqu'à la fin ?

Vous avoüez qu'il faudroit avoir un
cœur de démon pour le vouloir. Quoi ?
empêcher moi feul autant d'Actes d'a-
mour de Dieu qu'en ont fait, & qu'en
feront tous les gens de bien en ce monde : qui le voudroit ? Ah ! fi j'en étois
réduit-là, que ne fouffrirois-pas plûtôt
que d'empêcher tant de biens ?

Confiderez maintenant deux veritez ;
l'une, que les Saints aiment Dieu plus
ou moins parfaitement dans le Ciel,
felon qu'ils l'ont aimé dans ce monde ;
l'autre, que l'amour de chaque Saint
dans l'Eternité, eft plus confiderable
par fa durée, que ne le fçauroient être
par leur nombre tous les Actes d'amour
de Dieu que tous les Saints ont pû produire dans leur vie mortelle ; puifque
le nombre de ceux-ci eft borné, & que
la durée de celui-là eft infinie.

Il eft donc certain que ceux qui n'auront point aimé Dieu en cette vie, ne

l'aimeront point en l'autre ; & par conséquent, que mourant dans le peché, ils ôteront en quelque façon plus de gloire à Dieu, que s'ils empêchoient précisément tous les Actes d'amour de Dieu, que les Saints ont pû faire sur la terre.

Il est certain encore que ceux qui négligeront maintenant de faire un Acte d'amour de Dieu, quand même ils n'y seroient pas obligez, & qu'ils le pourroient omettre sans peché, s'exposent neanmoins à aimer Dieu moins parfaitement dans toute l'Eternité ; & par conséquent, que s'ils ne réparent cette négligence par leur faveur, ils ôteront à Dieu plus de gloire que l'on ne sçauroit dire.

Aprés cela, concevez-vous tout le mal qui vient des seules omissions de vôtre vie passée ? combien de fois avons-nous omis les Actes d'amour que nous pouvions faire ? & par conséquent, si nous ne réparons ces fautes. combien avons-nous ravi à Dieu de gloire & d'amour pour toute l'Eternité ?

Il n'y a que vous seul, ô mon Dieu ! qui sçachiez combien nous vous en avons ravis, puisque cela est infini, & que vous seul connoissez l'infini.

Ah Seigneur ! je conçois bien maintenant l'obligation que j'ai de vous aimer tout le reste de ma vie, le plus assiduëment, & le plus parfaitement que je pourrai. Pour un Acte d'amour en ce monde, des Actes d'amour innombrables dans le Ciel ! aimons, mon cœur, aimons, non plus les créatures, mais le Créateur. Que les hommes s'attachent à tous les autres objets qu'ils voudront : pour nous, n'aimons plus que Dieu, mais aimons-le assiduëment, aimons-le parfaitement, aimons-le constamment.

Ah ! si je pouvois faire autant d'Actes de contrition, que j'ai omis d'Actes d'amour : si je pouvois reparer le passé ! Au moins, Seigneur, je vous aimerai, oüi, je vous aimerai, & je procurerai, autant que je pourrai, que tout le monde vous aime. Vous aimer sera ma vie, ma nourriture, mon emploi. Amour, amour, amour, amour pur, amour souverain, amour jamais interrompu !

LITANIES
DE L'AMOUR DIVIN.

AVIS IMPORTANTS.

I.

PUISQUE nous ne sommes en ce monde que pour aimer Dieu, ne devons-nous pas faire tout le possible pour l'aimer, selon qu'il ordonne, de tout nôtre cœur, de toute nôtre ame, de toutes nos forces, & de tout nôtre esprit?

Que ferons-nous pour parvenir à cette perfection de l'amour de Dieu? demandons-le, & nous éprouverons la verité de cette parole : *Demandez, & vous recevrez.* Puisque Dieu desire plus de nous le donner, que nous de l'obtenir.

II.

COmme de nous-mêmes nous prions fort mal, avec beaucoup

de froideur & d'irreverence, nous nous recommandons volontiers aux prieres des gens de bien. Il faut donc que nous tâchions d'engager les Saints à demander pour nous le saint amour, que nous n'osons attendre de nos priéres. Par l'amour qu'ils ont pour Dieu & pour nous, ils desirent que Dieu soit aimé, & que nous l'aimions. Dieu les considere comme ses meilleurs amis. Il exauce tous ceux qui s'unissent ensemble pour lui demander ce qui lui plaît. Il ne desire rien tant que d'être aimé. Pouvons-nous donc douter qu'il ne nous accorde le saint amour, quand tous les Saints unis ensembles lui demanderont pour nous une chose qui lui est si agréable ?

III.

POur invoquer les Saints, nous nous servirons des mêmes Litanies, que l'Eglise nous a dressées à ce dessein, par l'inspiration du Saint Esprit. Plût à Dieu qu'elles fussent autant en usage, qu'elles sont utiles. Nous n'appellons jamais un Saint par son nom, qu'il ne nous écoute. Nous ne lui parlons jamais, qu'il ne nous réponde à l'inſtant même que nous lui parlons. Toutes les fois que nous diſons: *Sainte Marie priez pour nous, &c.* la ſainte Vierge prie pour nous, Saint Michel prie pour nous, tous les Saints, que nous prions, prient pour nous, & prient auſſi véritablement que nous les prions, de la maniére qu'ils ſçavent qu'il faut prier.

Figurez-vous donc une grande Ville, où tous les habitans ſoient fort riches, & fort charitables; qu'un pauvre entrant en cette Ville, demande l'aumône à la premiere maiſon, & qu'on la lui donne abondamment; qu'il continuë à la demander, & à la recevoir de même à toutes les ruës: n'eſt-il pas vray que ce pauvre, qui à la premiere porte n'avoit rien, à la derniére aura de grandes richeſſes.

Ce qui n'eſt point veritable d'aucune Ville du monde, l'eſt du Paradis. Quelques pauvres que nous ſoyons au commencent de nôtre priére, nous nous trouverons fort riches à la fin, par les liberalitez des Saints, ramaſſées toutes enſembles, lorſque nous aurons dit dévotement

dévotement leurs Litanies.

I V.

COmme la priére est d'autant plus efficace qu'elle est mieux faite, nous devons faire tout le possible pour bien dire ces Litanies.

1. Tâchez de les bien commencer ; car le défaut du commencement régnera dans toute la suitte. Or pour les bien commencer, il faut nous mettre dans une parfaite tranquillité de corps & d'esprit, & former des Actes de regret de nos pechez, de confusion de nous-mêmes, de desir sincere d'aimer Dieu, & de confiance en sa bonté, & en celle des Saints.

2. Considerez ce que font les pauvres, quand ils demandent l'aumône. Ils exposent leur necessité, & aprés l'avoir exposée, ils attendent quelque tems, avant que de redoubler leur priére à la même personne, ou d'aller dire incontinent à une autre : *donnez-moy l'aumône.* C'est ainsi qu'en disant ces Litanies, nous devons nous arrêter quelque tems au nom de chaque Saint, & non pas les prononcer à la hâte les

H

uns aprés les autres , comme nous faisons ordinairement. Helas ! un pauvre
demande mieux un morceau de pain
que nous ne demandons l'amour de
Dieu.

3. Souvenez-vous de plus , que la fin
de cette priére est de nous exciter à l'a-
mour de Dieu ; & par conséquent, lors
que vous sentirez quelque pieuse affection , vous devez vous y arrêter , &
ne vous mettre pas en peine de dire les
Litanies toutes entieres , puisqu'il n'est
pas question de tout dire , mais d'être
touché , penetré , chacun en sa maniére.

4. Comme la priére se fait principa-
lement dans le cœur , il est bon lors
qu'on se trouve touché , de ne dire mot,
ou de dire seulement quelques mots ,
ou quelque mot, selon qu'on est porté
à parler , encore faut-il que ces mots
partent plus du cœur, que de la bouche,
ou de l'esprit Autrement on s'accoû-
tume à ne faire que des priéres vocales,
sans que le cœur y aye presque de part,
& souvent même la priére est si mal
faite , que c'est un peché.

V.

COmme ces Litanies se doivent dire souvent, il est bon de sçavoir qu'elles se peuvent dire en plusieurs manieres.

La premiere & la plus ordinaire, est de faire la proposition toute entiere : *Pere Celeste, donnez-moi vôtre saint amour. Sainte Mere de Dieu, demandez pour moi le saint amour de Dieu,* &c.

La seconde, est de retrancher ce mot *donnez* ou *demandez*, & de dire seulement: *Pere Eternel, vôtre saint amour. Sainte Mere de Dieu, le saint amour,* &c. Cette maniere est d'autant plus dévote, qu'elle n'est qu'une simple déclaration de ce qu'on desire : c'est ainsi que sainte Magdelaine se contenta de faire dire à Jesus-Christ : *Celui que vous aimez est malade.*

La troisiéme & la plus simple, est de prononcer seulement le nom de la personne que nous invoquons, sans parler expressément de ce que nous demandons: *Pere Eternel, sainte Mere de Dieu,* &c. Aprés quoi l'on s'arrête un peu, difant de cœur : *vous fçavez bien ce que je vous demande*. Ainfi qu'un pauvre en demandant l'aumône, fe contente fouvent de dire *Monfieur* ou *Madame*, & attend en filence ce qu'on veut lui donner.

La quatriéme maniere, eft de renverfer l'ordre des mots, par exemple : *vôtre faint amour, Pere Eternel. L'amour divin, fainte Mere de Dieu, &c.* On peut même changer l'ordre des Saints, & commencer par la fin des Litanies ordinaires. *L'amour divin, Saints, & Saintes de Dieu. L'amour, Saint Anaftafie, &c.*

La cinquiéme, eft de faire fa priére par interrogation. *Qui me donnera le faint amour de Dieu ? fera-ce vous, Pere Eternel ? Qui demandera pour moi le faint amour de Dieu ? fera-ce vous, fainte Mere de Dieu ?*

La fixiéme, eft de s'addreffer au cœur des perfonnes que nous invoquons, comme à la fource de l'amour qui les fanctifie. *Cœur du Pere Eternel donnez-moi vôtre faint amour. Cœur de Marie, demandez pour moi le faint amour de*

Dieu, &c. ou bien en changeant les paroles : *Cœur du Pere Eternel, embrasez-moi de vôtre amour, &c.*

Il est bon même en tout autre tems, quand on se souvient de quelque Saint, ou que l'on void son image, de s'addresser à son cœur, & de lui exposer le nôtre ; se réjoüir avec lui de ce qu'il a tant aimé Dieu, & lui demander qu'il nous remplisse d'amour.

La septiéme maniere, est d'ajoûter à l'invocation des Saints, quelques motifs par forme de méditation.

Nous pouvons prendre ces motifs, premierement des personnes que nous invoquons. *Pere Celeste, source de l'amour divin, &c. Marie qui êtes Mere du saint amour, &c. Saints Anges qui avez toûjours été dans le saint amour, &c. Saints Apôtres qui avez tant prêché le saint amour, &c. Saints Martyrs, qui avez perdu la vie pour le saint amour, &c. Saints Confesseurs qui avez tant souffert pour le saint amour, &c. Saintes Vierges qui n'avez aimé que le saint amour, &c.*

Ces motifs peuvent être pris aussi de

nous-mêmes : *Donnez-moi le saint a-*
mour. Helas ! je suis capable d'aimer:
je n'ay point encore aimé : je n'aime
point assez à mon gré : je veux aimer
constamment à l'avenir , &c.

Enfin on peut prendre ces motifs de la
chose même qu'on demande. *Donnez-*
moi le saint amour. il est si precieux: il
est si necessaire : il est le tresor caché de
l'Evangile , & cette perle que je dois
acheter au prix de toutes choses , &c.

La huitiéme & derniere maniére ,
propre pour ceux qui ne peuvent méditer , est de regarder seulement les noms
des Saints, ou leur image ; ou même
de les rappeller seulement en la memoire & sans rien dire , s'arrêter interieu-
rement devant chaque Saint , dans le
desir & la confiance d'obtenir d'eux le
saint amour.

V I.

ENfin pour conclure tout ce qui regarde l'usage de ces Saintes Litanies.

1. Vous remarquerez, que vous y
pouvez ajoûter les Saints à qui vous
avez une dévotion particuliere ; vôtre

bon Ange, vôtre Patron, le Patron de vôtre Paroisse, Saint Joseph, Saint Joachim & Sainte Anne ; parce qu'ils sont de la famille de Nôtre Seigneur ; Saint Vincent Ferrier, Saint Ignace, Saint François Xavier, Saint Phlippes de Nery, Saint Thomas d'Aquin, Sainte Catherine de Sienne, Sainte Therese, &c.

2. On peut dire ces Litanies encore pour demander quelque autre grace que l'amour divin ; par exemple pour demander la pureté, la patience, l'humilité, la douceur, la perseverance, la conversion des pecheurs, ou des Infidelles, la delivrance des Ames du Purgatoire, pour les Agonizans, &c. Et les Confesseurs & Directeurs, les peuvent conseiller, ou les donner pour penitence aux personnes qu'ils conduisent.

3 Ceux qui ne peuvent méditer, dont le nombre est grand, pourront employer fort utilement le tems de leur Oraison à dire ces Litanies, en la maniére qu'ils trouveront la plus aisée, & qui leur donnera plus de dévotion. Plusieurs mêmes qui dirigent les au-

tres , & qui ont bien de la peine à
faire l'Oraison mentale, s'ils en font ;
& qui en dévroient faire, s'ils n'en font
point, passeroient le tems de l'Oraison
avec beaucoup de facilité & de profit,
s'ils se servoient de cette façon de prier,
qui leur ouvriroit peut-être la porte à
la Contemplation, à l'entretien fami-
lier & frequent avec Dieu , & à l'exercice continuel de son amour.

LITANIES
DES SAINTS,
POUR DEMANDER
L'AMOUR DIVIN.

SEigneur ayez pitié de moi.
Jesus , ayez pitié de moi.
Seigneur, ayez pitié de moi.
Jesus , écoutez - moi.
Jesus exaucez - moi.
Pere Celeste, qui êtes Dieu , donnez-
    moi vôtre saint amour.
Fils, Redempteur du monde , qui êtes
    Dieu, donnez-moi vôtre saint amour.
Esprit Saint, qui êtes Dieu, donnez-moi
    vôtre saint amour.
Trinité Sainte , qui êtes un seul Dieu ,
    donnez-moi vôtre saint amour.
Sainte Marie , demandez pour moi le

I

faint amour de Dieu.

Sainte Mere de Dieu , demandez pour moi le faint amour de Dieu.

Sainte Vierge des Vierges , demandez pour moi le faint amour de Dieu.

Saint Michel , demandez pour moi le faint amour de Dieu.

Saint Gabriël , demandez pour moi le faint amour de Dieu.

Saint Raphaël , demandez pour moi le faint amour de Dieu.

Saints Anges , & Saints Archanges , demandez tous pour moi le faint amour de Dieu.

Saints Ordres des Efprits Bienheureux , demandez tous pour moi le faint amour de Dieu.

Saint Jean - Baptifte , demandez pour moi le faint amour de Dieu.

Saints Patriarches & Saints Prophetes , demandez tous pour moi le faint amour de Dieu.

Saint Pierre , demandez pour moi le faint amour de Dieu.

Saint Paul , demandez pour moi le faint amour de Dieu.

Saint André , demandez pour moi le

faint amour de Dieu.

Saint Jacques, demandez pour moi le Saint amour de Dieu.

Saint Jean, demandez pour moi le faint amour de Dieu.

Saint Thomas, demandez pour moi le faint amour de Dieu.

Saint Jacques, demandez pour moi le faint amour de Dieu.

Saint Philippe, demandez pour moi le faint amour de Dieu.

Saint Barthelemy, demandez pour moi le faint amour de Dieu.

Saint Mathieu, demandez pour moi le faint amour de Dieu.

Saint Simon, demandez pour moi le faint amour de Dieu.

Saint Thadée, demandez pour moi le faint amour de Dieu.

Saint Mathias, demandez pour moi le faint amour de Dieu.

Saint Barnabé, demandez pour moi le faint amour de Dieu.

Saint Luc, demandez pour moi le faint amour de Dieu.

Saint Marc, demandez pour moi le faint amour de Dieu.

Saints Apôtres , & Saints Evangeliftes ,
demandez tous pour moi le faint
amour de Dieu.

Saints Difciples du Seigneur , demandez tous pour moi le faint amour de
Dieu.

Saints Innocens , demandez tous pour
moi le faint amour de Dieu.

Saint Eftienne , demandez pour moi le
faint amour de Dieu.

Saint Laurent , demandez pour moi le
faint amour de Dieu.

Saint Vincent , demandez pour moi le
faint amour de Dieu.

Saint Fabien , & faint Sebaftien , demandez pour moi le faint amour de
Dieu.

Saint Jean & faint Paul , demandez pour
moi le faint amour de Dieu.

Saint Côme & faint Damien , demandez pour moi le faint amour de Dieu.

Saint Gervais & faint Protais , demandez pour moi le faint amour de Dieu.

Saints Martyrs , demandez tous pour
moi le faint amour de Dieu.

Saint Sylveftre , demandez pour moi
le faint amour de Dieu.

Saint Gregoire , demandez pour moi le
faint amour de Dieu.

Saint Ambroife , demandez pour moi
le faint amour de Dieu.

Saint Auguftin , demandez pour moi
le faint amour de Dieu

Saint Jerôme , demandez pour moi le
faint amour de Dieu.

Saint Martin , demandez pour moi le
faint amour de Dieu.

Saint Nicolas , demandez pour moi le
faint amour de Dieu.

Saints Pontifes & faints Confefleurs ,
demandez tous pour moi le faint
amour de Dieu.

Saints Docteurs , demandez tous pour
moi le faint amour de Dieu.

Saint Antoine , demandez pour moi le
faint amour de Dieu.

Saint Benoît , demandez pour moi le
faint amour de Dieu.

Saint Bernard , demandez pour moi le
faint amour de Dieu.

Saint Dominique , demandez pour moi
le faint amour de Dieu.

Saint François , demandez pour moi le
faint amour de Dieu.

Saints Prêtres & saints Lévites, demandez pour moi le saint amour de Dieu.

Saints Religieux, & saints Hermites demandez tous pour moi le saint amour de Dieu.

Sainte Magdelaine, demandez pour moi le saint amour de Dieu.

Sainte Agathe, demandez pour moi le saint amour de Dieu.

Sainte Luce, demandez pour moi le saint amour de Dieu.

Sainte Agnes, demandez pour moi le saint amour de Dieu.

Sainte Cecile, demandez pour moi le saint amour de Dieu.

Sainte Catherine, demandez pour moi le saint amour de Dieu.

Sainte Anastasie, demandez pour moi le saint amour de Dieu.

Saintes Vierges, & saintes Veuves, demandez toutes pour moi le saint amour de Dieu.

Saints & saintes de Dieu, demandez tous pour moi le saint amour de Dieu.

PRIERE.

DIeu Tout-puissant, & tout bon, qui avez tant d'amour pour nous & qui desirez tant que nous vous aimions, nous vous prions trés-humblement, par l'amour que vous portez aux Anges, & aux Saints, & par l'amour qu'ils vous portent, & par les priéres qu'ils vous font en nôtre faveur ; qu'il vous plaise de nous donner à tous vôtre saint amour, amour pur, amour fort, amour parfait, amour constant, afin que vous ayant aimé en ce monde, selon que vous nous commandez, & que nous desirons de tout nôtre cœur, de toute nôtre ame, de toutes nos forces, & de tout nôtre esprit, nous allions aprés la mort vous aimer à jamais dans le Ciel avec tous les Bienheureux ; nous vous en prions par Jesus-Christ nôtre-Seigneur, qui vit & regne avec vous, en l'unité du Saint Esprit, durant tous les siécles des siécles. Ainsi soit-il.

DEVOTES CONSIDERATIONS

*& Pratiques, pour exciter & aug-
menter en nous l'Estime, l'Amour,
& l'Imitation de nôtre - Seigneur
Jesus - Christ.*

JE s u s en nous aimant, est passé de
toutes les grandeurs à toutes les
bassesses.

Et nous en aimant Jesus, nous passons
de toutes les bassesses à toutes les grandeurs.

Jesus en nous aimant, est descendu
du Ciel en Terre.

Et nous en aimant Jesus, nous mon-
tons de la terre au Ciel.

Jesus en nous aimant est venu des richesses à la pauvreté.

Et nous en aimant Jesus, nous passons
de la pauvreté aux richesses.

Jesus en nous aimant, est venu de la
force à la foiblesse.

Et nous en aimant Jesus, nous passons
de la foiblesse à la force.

Jesus en nous aimant , s'est couvert de nos pechez.

Et nous en aimant Jesus , nous nous défaisons de nos pechez , & nous nous remplissons de ses vertus.

Jesus en nous aimant, est venu de la vie à la mort.

Et nous en aimant Jesus, nous passons de la mort à la vie.

Jesus en nous aimant , s'est soûmis aux insolences des hommes , & aux tentations des diables.

Et nous en aimant Jesus , nous devenons semblables aux Anges , & épouvenrables aux démons.

Jesus en nous aimant, est venu de l'Eternité bien-heureuse aux miseres de cette vie.

Et nous en aimant Jesus , nous passons des miseres de cette vie à l'Eternité bien-heureuse.

Enfin Jesus en nous aimant, s'est soûmis à toutes sortes de desavantages.

Et nous en aimant Jesus, nous y trouvons toutes sortes d'avantages.

Et cependant nous disputons , nous balançons, bien pis nous refusons , au

moins avons-nous refusé , & tant de
fois refusé d'aimer.

Sans doute nous avons bien sujet de
nous dire à nous-mêmes , où étois-tu
mon esprit, qu'étoit devenuë ta lumiere ? Et toi mon cœur , où avois-tu mis
ton amour ? à quoi tous deux vous êtes-
vous amusez ? à quoi vous êtes-vous
abusez ?

Mais enfin il en faut revenir , tandis
que nous en avons encore le tems ;
il vaut mieux tard que jamais : ouvrez
donc les yeux , mon esprit , mais ou-
vrez-les pour voir le neant de toutes les
autres choses , & les tresors infinis de
biens & de graces qui se trouvent dans
l'amour de Jesus ; & vous mon cœur
ouvrez-vous aussi , mais que ce ne soit
que pour vous vuider de tous les autres
amours , & que pour vous remplir de
l'amour de Jesus.

O donc, mon aimable Jesus , que je
sois rempli de vôtre amour , que je
sois enyvré de vôtre amour, que je sois
possedé de vôtre amour , que je vive de
vôtre amour , & que je meure dans vôtre amour.

JEsus devroit méprifer & rebuter nôtre amour, plûtôt que de le rechercher avec tant de peines; & nous nous devrions rechercher l'amour de Jefus avec toutes fortes de foins & de peines, puifqu'il nous eft fi avantageux.

Mais non, il defire tant d'être aimé de nous, qu'il eft trés-content de tous ces defavantages pour lui, & de tous ces avantages, pour nous pourvû feulement que nous l'aimions.

Et qu'eft-ce que c'eft que nôtre amour? & que fommes nous nous mêmes? de foibles creatures, des vers de terre, des riens, des néans.

Et cependant ce Jefus, dont la Majefté eft infinie auffi bien que fa felicité, eftime tous ces extrêmes defavantages bien employez; pourvû que nous l'aimions; & fi nous l'aimons, il nous enrichira de biens infinis & Eternels.

Et nous ne l'aimons pas? fommes-nous fols? révons-nous tous éveillez que nous fommes? fommes-nous charmez? fommes-nous enchantez? Si on difoit à un pauvre, qu'il n'a qu'à aimer un certain homme riche, & que cet homme lui donnera de trés - grands biens ; s'il manquoit d'aimer cet homme riche, s'il faifoit le fier & le dédaigneux, feroit - il fage ?

Si on difoit à un malade, qu'il n'a qu'à aimer fon Medecin, & que fon Medecin lui rendra la fanté, manqueroit-il de l'aimer ? ou s'il y manquoit que diroit - on de lui ?

Si on difoit à un criminel, qu'il n'a qu'à aimer fon Juge, & que fon Juge l'empêchera d'être jetté en prifon, ou mis à mort, manqueroit-il de l'aimer ? & s'il y manquoit, qu'en diroit-on ?

Appliquons-nous tout ceci ; nous étions pauvres, & nous fommes effectivrement pauvres de nous-mêmes, & privez de toutes fortes de biens ; & Jefus nous en veut faire de trés - grands, pourvû feulement que nous l'aimions, & même il s'eft fait pauvre pour nous rendre riches ; manquerons - nous donc de l'aimer ? & fi nous y manquons, fommes-nous fages ?

Nous étions malades, & nous le fom-

mes encore, nos maladies sont nos pechez ; Jesus est venu pour nous en déli-
vrer, pour nous les pardonner, pour
nous en guerir, pourvû seulement que
nous l'aimions, & même il s'est chargé de nos pechez, il a satisfait pour
eux, & nous ne l'aimerions pas ? si nous
y manquons, ou en sommes nous ?

Nous sommes des criminels, & des
criminels de leze-Majesté divine ; nous
avons merité d'être jettez dans la pri-
son de l'enfer, & d'y souffrir des peines
éternelles : Jesus est venu pour nous en
preserver, pourveu seulement que nous
l'aimions, & même a souffert pour
cela, d'être lié, garotté, maltraitté,
déchiré, & mis à mort, & nous ne l'aimerons pas ? si nous y manquons, ne
meritons-nous pas, non pas un enfer seulement, mais plusieurs enfers, & plusieurs éternitez mal-heureuses les unes
aprés les autres, s'il y en pouvoit avoir
plusieurs, pour nous punir : & quand
nous serons dans ces feux & dans ces
supplices, n'enragerons-nous pas contre nous mêmes, & contre l'insensibi-
lité de nos cœurs, de ce que manque

d'avoir aimé Jesus, nous nous sommes
privez de ces grands biens, & precipi-
tez dans ces tourmens épouventables ?
Cela passe infiniment toutes les idées
que nous en pouvons former en ce
monde.

Uand nous n'aimons pas Jesus,
quel mal en souffrira-t-il ? quand
nous l'aimerons, quel bien lui en re-
viendra-t-il ? nous ne pouvons, ni di-
minuer ni augmenter son bonheur : il
est infiniment heureux par lui - même,
& infiniment élevé au dessus de tous
nos pouvoirs, qui sont si bornez, ou
plûtôt qui ne sont que des foiblesses
& des impuissances ; & cependant Jesus nous fait l'honneur de rechercher
nôtre amitié, & de la rechercher par
tant de moyens, si facheux, si penibles,
si extrêmes, que jamais nul Martyr n'en
a en toute sa vie tant souffert, pour lui
marquer son amour, qu'il en a souffert pour gagner le nôtre ? & nous ne
l'aimerons pas ? ne faut-il pas mourir de
confusion de nôtre folie, ou fondre d'a-
mour pour Jesus ?

O mon Jesus que cela est vrai, quel juste sujet de confusion pour moi pour le passé ; mais quel juste sujet de reconnoissance d'amour, & de tendresse envers vous pour l'avenir ; non, mon Jesus, non, vos pas n'auront pas été inutiles, vous n'aurez pas en vain répandu tant de sang, ni souffert tant de maux & tant d'oprobres ; ce que vous avez tant recherché, & ce qui vous a tant coûté, vous l'aurez, & au plûtôt, dés ce moment, tout mon amour, tout mon cœur, toute mon ame, tout moi-même, tout cela est à vous, non plus de moi même à moi-même, ni à aucune créature, tout à vous, tout en vous, tout pour vous.

SI nous portons nôtre amour hors de Jesus, si nous le donnons à quelque autre chose qu'à Jesus, que trouverons-nous, soit au Ciel, soit en la terre, qui vaille Jesus au Ciel ? quoi les Anges, les Saints ? ce qui les rend aimables, c'est l'amour qu'il ont pour Jesus; s'ils n'aimoient pas Jesus, ils deviendroient des diables & des réprouvez ;

sur la terre que trouverons-nous ? des corps humains, c'est-à-dire, une peau un peu blanche , mais qui ne couvre que des chofes qui font horreur à voir & à penfer , des viandes délicates , & des vins exquis, de grandes terres, des meubles précieux, de l'or , de l'argent , des charges de grand prix ? mais qui ne nous élevent pourtant qu'à une grandeur vaine , frêle , paffagere. De bonne foy font-ce là des objets , à qui nous devions accorder nôtre amour, & le refufer à Jefus ?

En verité à quoi penfons-nous , penfons-nous à ce que nous accordons, & à qui, ou à quoi nous l'accordons ? penfons nous à ce que nous refufons, & à qui nous le refufons ! mais au moins à prefent , ne difons-nous pas pour jamais , & du cœur, & de la bouche, *tout ce qui n'eft pas Jefus, n'eft plus , & ne fera plus l'objet de mon amour, plus , plus que Jefus, & plus d'amour que pour Jefus.*

D E plus , quand nous nous laiffons aller à aimer quelque autre chofe
que

que Jesus que nous arrive-t-il ? quel triste changement ! aimant Jesus nous avons toutes sortes d'avantages , & pour ce monde ; & pour l'autre ; & n'aimant pas Jesus , il n'est point de desavantage que nous n'ayons dans ces deux mondes , dans le present , & dans le futur.

Nous sommes privez des biens spirituels & éternels , de la grace & de la gloire des dons du Saint Esprit , de la protection des Anges , du droit que nous avions en Paradis.

Nous devenons des ambitieux , des coleres , des envieux , des gourmands , des vilains , des avares , des lâches , des paresseux , des emportez , des esclaves de nos passions , des fols , des vicieux , des miserables ; nous devenons le rebut de Jesus , l'aversion des Anges , l'opprobre de la nature , la peste du monde , le joüet des démons , la proye de l'enfer.

Il nous arrive , que nous sommes privez de tous les biens , & accablez de tous les maux ! ô que de tresors dans l'amour de Jesus , ô que de pertes , & que de miseres dans la perte de l'a-

K

mour de Jesus ! C'est avoir tout, c'est posseder tout, que d'avoir l'amour de Jesus : mais c'est perdre tout, c'est être privé de tout, excepté de peché & des peines , que d'être sans l'amour de Jesus.

JE commence à concevoir que l'enfer des enfers pour les damnez , est de n'avoir pas eu de l'amour pour Jesus ! Jesus si aimable , Jesus si aimant , Jesus si bien-faisant.

O qu'ils reconnoissent clairement , mais trop tard, que tout le reste hors Jesus & son amour, est bien fresle , est bien pauvre , est bien méprisable ! ah amour de Jesus, si peu cultivé , si peu pratiqué sur la terre, que tu és estimé , que tu és regretté, que tu és souhaitté dans les enfers !

O que de fois j'ay été sans toi ! ô que de fois donc j'ay été mal-heureux ! c'est trop ; ah c'est trop ! plus jamais, non jamais plus, rien de pareil , plûtôt la perte de toutes choses que de l'amour de Jesus ! ah aimons-le, aimons le tant que nous pourrons durant cette vie, pour

l'aimer par aprés durant toute l'Eternité.

QUI a-t il qui soit capable de nous
empêcher, & de nous détourner
d'aimer Jesus? il ne peut y avoir qu'une
seule chose, c'est peut-être parce qu'il
veut de nous des choses trop difficiles.

Mais la réponse que voici à cela nous
instruira, & nous donnera encore plus
de courage pour l'aimer.

1. Ce qu'il demande de nous, est si
juste, si honorable, si facile, aimer un
objet si aimable.

2. Il nous donne des graces pour ac-
complir ce qu'il demande de nous, pour
l'aimer.

3. Les avantages qui nous viennent
de son amour, sont si grands, si admirables, si au delà de toutes nos pensées,
soit pour nous exempter de grands
maux, soit pour nous acquerir de grands
biens, que quand il faudroit nous priver de tous les plaisirs, & nous abandonner à toutes les miseres de cette
vie, nous devrions de bon cœur nous
abandonner à celles-cy, & renoncer à

ceux-là pour l'amour de Jesus, comme
ont fait des millions de Martyrs, & de
Saints Penitens de toutes conditions, de
tout sexe, & de tout âge. Cet amour
est vrayment la perle Evangelique, pour
laquelle avoir il faut vendre, donner,
quitter tout le reste.

SI Jesus nous disoit, si vous voulez
avoir part à mon amour & en ce
monde, & en l'autre, si vous voulez
que je vous aime, & que vous m'ai-
miez à jamais dans le Ciel, il faut que
vous passiez par où j'ay passé ; il faut
que vous quittiez, que vous fassiez, que
vous souffriez, pour l'amour de moi, ce
que j'ay quitté, ce que j'ay fait, & ce
que j'ay souffert pour l'amour de vous.

Il faut que vous passiez par la pauvreté, par le travail, par le chaud, par le
froid, par la faim, par la soif, par les
jeûnes, par les opprobres, par les souf-
flets, par les coups de pieds, par les
foüets, par les épines, par les cloux, par
la Croix, autrement point d'amour en
moi pour vous, point en vous d'amour
pour moi ; & faute d'avoir cet amour,

vous serez des réprouvez, des objets de
ma haine, & des miserables éternels,
miserables contre lesquels j'exercerai
éternellement la severité de ma justice.
Pourquoi vous autres petits vers de
terre, pourquoi criminels au point que
vous l'êtes, pourquoi dis-je ne passe-
riez vous pas par tout cela, & pour l'a-
mour de moi, & pour vôtre salut? puisque moi qui suis vôtre Dieu, & qui
étois innocent, & même impeccable j'y
ay bien passé pour l'amour de vous? Arrêt inviolable, point de compagnon de
ma gloire ; qui ne l'ait été auparavant
de mes miseres & de mes peines ; vous
en meriteriez bien de plus grandes,
puisque vous avez merité celles de l'enfer, & si on a tant fait souffrir au bois
vert, que ne doit-on pas faire souffrir
au bois sec & sterile, qui n'est bon qu'à
jetter au feu & à brûler ; voila ce que
vous êtes, & ce que vous meritez.

Si cela nous étoit proposé de sa part,
que devroit répondre un chacun de
nous sinon.

Et bien, mon Jesus, de deux maux
je veux choisir le moindre; le plus grand

eſt de n'être poiɴt aimé de vous , &
de ne vous point aimer , outre les autres maux qui viennent enſuite ; je
choiſis doɴc, ô mon Jeſus ! & je choiſis de tout mon cœur de paſſer par où
vous avez paſſé, de vivre dans la pauvreté , dans le travail, dans les miſeres , dans les peines, quand j'en devrois
mourir , j'aime bien mieux mourir en
ſouffrant quelque tems pour l'amour
de vous , que non pas de m'exempter
de quelque peine courte & legere , &
d'être privé de vôtre amour , & d'aller
ſouffrir éternellement en enfer.

N'eſt-ce pas là ce que nous devrions
répondre? & qui répondroit autrement,
qui feroit un autre choix , ne ſeroit-il
pas ſol ? & n'en ſeroit-il pas bien-tôt
au repentir ? mais repentir inutil & é-
ternel, auſſi bien que celui des miſera-
bles damnez , dont il ſeroit allé augmenter le nombre , & experimenter les
peines , pour avoir fait comme eux, un
ſi mal-heureux choix.

Mais Jeſus ne demande pas cela de
nous ; & je vas prendre la liberté avec
ſa permiſſion de lui demander.

Mon Jesus, permettez moi, s'il vous plaît, pour nôtre instruction que je vous fasse quelques demandes.

Voulez-vous, ô mon Jesus, que nous jeûnions quarante jours & quarante nuits, sans boire ni manger, comme vous.

Non, mes enfans, nous repond-il, non, j'ay gardé pour moi ce grand jeûne? mais ne faites plus d'excès, ni dans le boire, ni dans le manger, gardez les jeûnes qui vous sont ordonnées, faites-en quelques uns de dévotion, dans vos repas retranchez-vous de quelque petite chose, abstenez vous de quelque morceau, ou de boire quelques coups pour l'amour de moi.

Mon Jesus, voulez-vous que nous soyons flagellez comme vous?

Non, mes enfans, non, je l'ay voulu de quelques autres de mes serviteurs, & eux l'ont bien voulu aussi, ils en ont passé par là, & ils ont vû avec joye couler leur sang pour l'amour de moi: mais je ne le veux pas de vous, seulement n'ayez plus ces delicatesses, ces mollesses, ces luxes, ces nuditez, qui m'offenfent, qui bleffent les yeux de la pudeur, & qui fcandalifent vôtre prochain.

Voulez-vous, mon Jefus, que nous ayons les pieds & les mains percez comme les vôtres ?

Non, mes enfans, non, je referve les cloux pour mes pieds, & mes mains : mais ne vous fervez plus de vos pieds pour aller dans les lieux de débauche, dans les compagnies libertines, aux occafions de pecher, mais fervez-vous-en pour aller dans les Eglifes, dans les Hofpitaux, dans les Prifons, chez les Pauvres honteux, pour les affifter, chez les affligez pour les confoler, & dans les lieux où chacun de vous doit aller felon fa profeffion. Ne vous fervez point de vos mains pour des actions mauvaifes, pour prendre plus qu'il ne vous en faut, de nourriture, de boiffon, de falaire, pour fraper, pour écrire des chofes qui m'offenfent, & qui nuifent à vôtre prochain: mais fervez-vous-en chacun felon vôtre vocation, pour payer vos dettes, pour faire des aumônes, pour écrire de bonnes

nes choses pour faire quelque pénitence pour châtier ceux qui dépendent
de vous lors qu'ils manqueront à leur
devoir.

Mon Jefus, vous plaît-il que nous
foyons crucifiez, & que nous mourions
chargez d'opprobres & de douleurs
comme vous ? Non, mes enfans, non,
je prens la Croix pour l'amour de vous,
je la porte fur mes épaules déchirées,
je fouffre d'y être cloüé, & d'y mourir,
mais vous, n'abufez plus de vos corps,
ni de vos fens, à voir, à oüir, à dire, à
faire des chofes qui m'offenfent, mais
employez - les à entendre de bonnes
chofes à, regarder des objets qui vous
portent à la devotion & à la charité, à
tenir de bons difcours, à donner bon
exemple ; faire de bonnes œuvres, à
fouffrir patiemment vos petits maux,
comme la confufion, les maladies, la
pauvreté, la mauvaife humeur de vôtre
prochain, le travail, & les autres peines,
ou que vous avez déja, ou qui vous
arriveront.

Et bien, fi nous manquons à éviter,
& à pratiquer ces chofes qu'il deman-

L

de de nous, & qui sont si faciles en comparaison des grandes & des difficiles,
par lesquelles il a passé pour nous ; si
nous y manquons à la vûë des grandes
recompenses qu'il nous promet, & qu'il
nous donnera infailliblement, si nous
lui accordons nous autres ce qu'il nous
demande ; & à la vûë encore des grands
maux qui sont inévitables pour nous, si
nous le refusons, que dirons-nous un
jour? que penserons-nous ? où en serons-
nous ?

Que faut-il donc faire ? n'est-ce pas
de nous livrer promptement, presentement, pleinement à Jesus & à son a-
mour, à quitter ce qu'il faut quitter, à
faire ce qu'il faut faire, & à souffrir ce
qui se presente à souffrir.

Et tout cela, qu'est-ce ? peu de chose,
rien ; mais Jesus, mais son amour, mais
les biens, les grandeurs, les délices du
Paradis ; ah ! que tout cela est véritablement grand. Nous sommes donc trop
heureux, qu'il daigne accepter ces petites choses, qu'il en soit content, &
qu'il nous en veille donner en échange
de si grandes, son amour, ses graces, sa

gloire, lui-même, & tous fes biens ? ah Jefus ! mon Jefus, je fuis vôtre, je fuis vôtre, je fuis tout à vous !

Des mérites incomparables de Jefus.

ON ne connoît point affez la grandeur des merites de Jefus ; il faut tâcher d'en avoir un peu plus de connoiffance, afin d'avoir auffi plus d'eftime, plus d'amour & plus de reconnoiffance pour Jefus.

C'eft avec bien du fujet, que Jefus eft nommé Jefus, c'eft-à-dire Sauveur, parce qu'il nous a acquis des mérites infinis, & afin d'effacer tous nos pechez, & afin de nous obtenir toutes fortes de graces ; nous en pouvons connoître quelque chofe par cette voye.

Les deux chofes qui font qu'une offenfe, qu'une injure eft plus griéve & plus énorme, les deux mêmes chofes rendent auffi la fatisfaction que l'on fait pour elle, moins confiderable & plus legere ; or les deux chofes qui font qu'une offenfe eft plus griéve, font la dignité & l'excellence de la perfonne offensée , & l'abjection & la vileté de la personne qui offense ; l'homme donc, qui n'est qu'une chetive creature , venant à offenser Dieu , qui est infini en grandeur, & en excellence , & l'offense, comme nous venons de dire , croiflant à proportion que la personne qui est offensée est excellente , l'offense commife contre Dieu va comme dans l'infini.

Ces deux mêmes chofes , qui font que l'offense est plus griéve , rendent la fatisfaction plus legere ; car plus la perfonne que vous avez offensée est élevée au deffus de vous , & plus vous êtes ravalée au deffous d'elle , plus auffi la fatisfaction que vous lui faite est legere ; c'est pourquoi Dieu étant infiniment élevé au deffus de l'homme, de l'Ange, & de quelque créature que ce foit, l'injure qui lui est faite , le peché qui l'offenfe est d'une griéveté inconcevable, & toute la fatisfaction , que toutes les créatures lui fçauroient rendre , est infiniment moindre que l'offense qui lui est faite ; & par confequent elle est incapable de la reparer , de l'effacer , de l'expier : c'eſt par cette raiſon que ſaint Leon, ſaint Chryſoſtome, & les autres Peres de l'Egliſe prouvent la neceſſité que le monde avoit d'un Jeſus, d'un Sauveur, qui fût plus que créature, qui fût Dieu & homme tout enſemble, il falloit que ce Sauveur fût homme pour être capable de meriter, il falloit qu'il fût Dieu pour avoir un merite infini : Ce devoit être un homme, afin qu'il pût s'humilier devant Dieu qui étoit l'offenſé : Ce devoit être un Dieu pour pouvoir donner une valeur infinie à cette humilité ; un homme pour prier pour les pecheurs, un Dieu pour mériter d'être exaucé ; & c'eſt ce qui ſe trouve en Jeſus.

Et comme plus la perſonne qui ſatisfait eſt ravalée, plus la ſatisfaction eſt peu de choſe, auſſi au contraire, plus la perſonne qui ſatisfait eſt excellente & relevée, où douée d'une plus grande ſainteté, plus la ſaisfaction qu'elle rend eſt grande & excellente.

Or Jeſus eſt une Perſonne infinie, une des trois Perſonnes de la trés-ſainte Trinité, c'eſt une Perſonne douée d'une fainteté infinie, de cette fainteté Incrée, qui eſt commune au Pere, au Fils & au Saint Eſprit.

Donc la ſatisfaction qu'il a renduë à ſon Pere pour nous, va à l'égal de la dignité de ſa Perſonne, & de la grandeur de ſa fainteté ; elle eſt par conſequent infinie, & d'un merite infini, pour impetrer, pour ſatisfaire, pour contenter la Juſtice de ſon Pere, pour effacer tous nos pechez, & pour nous obtenir toutes ſortes de graces.

Il faut maintenant voir un peu plus en détail où va cela.

Un ſeul peché mortel, parce qu'il offenſe Dieu, eſt un ſi grand mal, que quand tous les Anges, & tous les hommes enſemble, & avec eux la ſainte Vierge, paſſeroient des millions d'années dans des prieres trés-ferventes, & dans des pénitences horribles, afin de ſatisfaire pour ce ſeul peché, ils n'en ſçauroient venir à bout, lui ſeul dans le baſſin de la balance divine peſeroit plus que toutes ces priéres, ces peniten-ces, & ces bonnes œuvres dans l'autre, parce que tout cela ſeroit toûjours borné , limité & fini.

Mais Jesus seul , à cause de sa personne Divine , & de sa sainteté infinie y a satisfait, & satisfait surabondamment : cela n'est-il pas glorieux à Jesus ?

Ce n'est pas tout, ses merites sont si grands , qu'il a satisfait surabondamment, non seulement pour un peché, ou pour deux, ou pour trois ; mais generalement pour tous les pechez : *Dedit semetipsum pro nobis, ut nos redimeret ab omni iniquitate* , dit S. Paul dans l'Epître à Tite chap. 2. Il n'a point satisfait à demi , il a satisfait pleinement pour tous nos pechez ; Originel, Actuel, Mortel , Veniel ; cela est admirable.

Des seuls pechez Originels, le nombre en est prodigieux ; car il en faut compter autant, qu'il y a eu, qu'il y a, & qu'il y aura de personnes sur la terre jusqu'à la fin du monde, excepté , nôtre Seigneur & la sainte Vierge ; excepté Adam & Eve , desquels ces derniers n'ont pas eu le peché comme Originel , mais ils en ont été l'origine, la source & la cause par le peché Actuel. Tant de millions de personnes, qui sont maintenant au monde, tant d'autres millons en plus grand nombre encore qui y ont été depuis six mille ans que le monde dure, & tant de mille millions qu'il y aura jusqu'à la fin du monde, tout cela a été infecté de ce peche : ce sont donc autant de pechez Originels.

Jesus - Christ a satisfait pour tout cela.

Passons plus avant. Si le nombre des pechez Originels est si grand, celui des pechez Actuels l'est encore plus incomparablement.

Chaque personne n'a qu'un peché Originel, mais qui est la personne, qui aye vêcu quelques années depuis l'âge de discretion, qui n'aye commis plusieur pechez Actuels ; tel en aura commis plus de mille, tel plus de dix mille, tel plus de cent mille ; il y en a tant dont la vie n'a été, tant dont la vie n'est ; & il y en aura actuellement tant encore à l'avenir dont la vie ne sera qu'une continuation de pechez, de pensées, de paroles, d'œuvres, d'omission, de commiſſion ; de ſorte qu'il ſe trouvera qu'un ſeul homme aura commis plus de pechez , qu'il ne ſe trouvera de pechez Originels entre mille autres , entre dix mille , entre cent mille autres pris enſemble.

Si donc on ramaſſe tous les pechez Actuels qui ont été commis, qui ſe commettent , & qui ſe commettront , quel nombre, quel comble, quel excez !

Joignons maintenant enſemble ces deux choſes, l'une , un ſeul peché eſt ſi grief, ſi énorme , ſi au delà de tout ce que les Anges & les hommes pourroient faire, qu'ils ne peuvent nullement arriver juſqu'à ſatisfaire pour lui par toutes les priéres & toutes les pénitences qu'ils feroient , & par tous les tourmens qu'ils ſouffriroient durant des ſiécles innombrables l'autre que Jeſus-Chriſt a ſatisfait, non ſeulement pour un ſeul , mais pour tous ceux qui ont été commis , & qui ſe commettront, & y ſatisfait pleinement , abondamment , ſurabondamment ; ſes mérites vont infiniment, où infiniment au delà de toute cette multitude , & de toute cette énormité de pechez.

O que ses merites sont donc grands ! qu'ils sont incomprehensibles ! qu'ils sont admirables !

Passons encore bien plus avant, mettons qu'outre ce monde il y en ait des millions d'autres, & que le monidre de ces mondes soient cent mille fois plus grand & plus peuplé que celui-ci, & que chacun des autres aille toûjours croissant en grandeur & en multitude de gens ; & que tous ceux qui les habitent, soient, pour ainsi dire, autant de démons incarnez, que le plus innocent de tous ces monstres offense plus Dieu en un jour, que ne l'ont offensé, & que ne l'offenseront tous les hommes qui ont été, qui sont, & qui seront dans celui-ci, que toutes leurs pensées soient des abominations, toutes leurs paroles des blasphêmes, toutes leurs actions des injustices, des adulteres, des meurtres, des sacrileges, tout cela est horribles.

Neanmoins tous ces amas de pechez, tous ces abîmes d'horreur, tous ces débordemens épouventables, y en eût-il encore des millions de fois davantage, tout cela est infiniment moins que les merites de Jesus ; tout cela deshonore moins Dieu, que les mérites de Jesus ne l'honorent ; Jesus a satisfait surabondamment pour tout cela.

Et ce qui est le comble de l'admiration, c'est que sans prendre toutes les actions, ny toutes les souffrances de Jesus, une seule de ses actions, la moindre de ses souffrances, un peu de froid enduré au bout d'un doigt, un bon desir, une priere presentée à son Pere pour nous, une seule à tant de merites, que par elle seule, il a satisfait pour tous ces mondes de pechez, & pour tous les crimes que l'on a commis, & que l'on sçauroit jamais commettre ; que la malice des hommes s'augmente tant qu'elle pourra elle n'approchera à beaucoup prés des merites infinis de la moindre action de Jesus.

O donc que Jesus a satisfait abondamment pour nous ! & que le Pere Eternel a bien eu raison de lui donner le beau, le Saint & sacré Nom de Jesus, & de Sauveur.

Il faut encore ajoûter, qu'il a agi si liberalement envers nous, qu'une seule de ses actions pouvant satisfaire si pleinement pour tous nos pechez, il ne s'est pourtant pas arrêté là, il a fait durant plusieurs années une multitude prodigieuse d'actions, toutes d'un merite infini ; il a souffert tant de miseres & tant de peines, versé des larmes, donné son sang jusqu'à la derniere goutte, & perdu sa vie sur une Croix par la violence des tourmens, & dans le comble de l'ignominie ; & pourquoi ? pour être surabondamment nôtre Jesus, nôtre Sauveur : ô ! que l'Eglise a sujet de dire, *copiosa apud eum redemptio*, que sa redemption, que son rachapt, que sa satisfaction est copieuse ? abondante & incomparable !

Passons encore au delà de tout ce qui a été dit jusqu'à present ; sa satisfaction, sa redemption, ses merites sont si grands, que non seulement ils ont satisfait pleinement pour tous les pechez commis & que l'on sçauroit jamais commettre : mais de plus, que peut-on dire de plus ? c'est qu'il n'y a aucune sorte de grace

quelque grande & quelque excellente
qu'elle soit qu'il n'aye meritée & qu'il
ne merite.

Quand Dieu le Pere en vûë, & en
vertu des merites de Jesus nous feroit
des graces jusqu'à être des Seraphins
en amour, jusqu'à être plus saints que
la sainte Vierge, & tous les Anges, tous
les Saints ensemble, & qu'il multipliroit
des mondes innombrables, de plus
Saints en plus Saints, quand il employe-
roit sa toute Puissance absoluë à nous
faire du bien ; quand (voicy la plus
haute faveur, que Dieu nous sçauroit
faire, aussi est-elle infinie) quand dis-je
toutes les trois Personnes adorables de
la trés-sainte Trinité s'incarneroient,
comme elles le pourroient faire, quand
elles s'uniroient hypostatiquement à
un chacun de nous, pour nous faire
tous des hommes-Dieu, & afin que par
la communication des Idiômes nous
fussions Dieu le Pere, Dieu le Fils, &
Dieu le Saint Esprit ; Jesus merite tout
cela.

Dieu nous faisant ces faveurs, ne
nous feroit rien qui allât au delà des

merites de Jesus ; car ses merites sont absolument infinis. La toute-puissance de Dieu ne va pas plus loin , que les mérites de Jesus ; car si elle est infinie , les mérites de Jesus sont infinis aussi , parce que ce sont les mérites d'un Dieu, fondez sur la dignité de sa personne . & sur sa sainteté ; lesquelles deux choses sont aussi bien infinies que sa toute-puissance, que sa sagesse, que sa bonté, & que ses autres attributs sont infinis.

Aussi est - ce cette source infinie des mérites de Jesus que tous les Saints, & tous les gens de bien ont puisé tout ce qu'ils ont de grace & de vertus: Source qui s'est répanduë sur le vieux Testament, aussi bien que sur le nouveau ; aussi bien sur les premiers siécles, que sur les derniers, aussi bien sur ceux qui ont precedé sa naissance , que sur ceux qui l'ont suivie , & qui la suivront ci-aprés jusqu'à la fin des tems. Adam & Eve , firent pénitence en vertu de ses merites , & Enoch & Elie resisteront à l'Antechrist en vertu de ses mêmes mérites ; point de tems , point de lieu où ne s'étendent les mérites de Jesus.

Les Patriarches, les Prophetes, les Apôtres, les Martyrs, les Confesseurs, les Vierges mettent tous leurs Couronnes aux pieds de ce divin Sauveur, le reconnoiſſant comme l'Auteur & le Principe de leurs mérites ; c'eſt lui qui a peuplé les deſerts de Saints Anachorettes, qui a rempli les Religions, & les Monaſteres de fervens Religieux, & de Saintes Filles, qui a rendu les Martyrs conſtans au milieu des ſupplices ; c'eſt lui qui benit les familles, qui entretient l'union, qui chaſſe les haines, qui diſſipe & fait ſurmonter les tentations, qui donne les vertus, les graces, la gloire, la poſſeſſion de Dieu, toutes choſes. Et ce qui rend ſes mérites plus eſtimables, & ſa perſonne plus aimable, eſt que pouvant ſi aiſement ſans travail, ſans peine nous acquerir tous ces grands mérites, il les a acheté ſi cher ; & c'eſt cela même qui nous doit obliger à l'aimer d'avantage. *Propoſitio ſibi gaudio, ſuſtinuit Crucem, confuſione contemptâ.* Ad Heb. 12.

De nous avoir delivré de la ſervitude du diable, d'avoir ſatisfait pour nos péchez, de nous avoir merité tant de graces, de nous avoir ouvert la porte du Ciel, c'eſt beaucoup, oüi ſans doute ; c'eſt beaucoup.

Mais de nous avoir acquis tous ces biens de la façon qu'il nous les a acquis, par les peines, par les mépris, par les ſouffrances, par ſon Sang, par ſa mort, c'eſt bien plus. Il vient au monde dans la Saiſon de l'année la plus rude, en l'Hyver, durant la nuit, dans une Etable découverte ; cet Enfant ſi pauvre, & tout enſemble le Seigneur de tout le monde, le voila qui pleure, mais bien-aiſe pourtant de ſouffrir pour l'amour de nous ; & c'eſt uniquement cet amour qu'il a pour nous, qui lui fait embraſſer, & agréer ſes ſouffrances ; ce petit corps ſi tendre, dés huit jours aprés ſa naiſſance verſe du ſang, étant bleſſé à ſa Circonciſion d'une playe & trés-ſenſible, & trés honteuſe ; trés-ſenſible à cauſe qu'elle eſt fort douloureuſe & qu'il eſt fort tendre & fort délicat, & qu'il connoît & reſſent toute la violence de la douleur ; trés-honteuſe, parce que c'eſt une marque
du

du peché ; & s'il a permis au coûteau
incontinent aprés sa naissance de lui ti-
rer de son trés-pur Sang ; dans quelque
tems il permettra la même chose , &
il l'a en effet permis depuis aux foüets ,
aux Epines, aux Cloux , & à la Lance ,
& pourquoi ? pour être surabondamment nôtre Sauveur , & pour nous témoigner par la grandeur de ses peines
la grandeur de son amour.

N'est-ce pas là dequoi être surpris des
mérites admirables , & de l'amour incomparable de Jesus envers nous ? mais
de tout cecy quelles conclusions tire-
rons-nous ? n'est-ce pas d'être tous charmez de l'amour de Jesus pour nous ? &
n'est-ce pas aussi d'être tous possedez
d'amour pour Jesus ?

De plus, Jesus a satisfait si pleinement pour nos pechez , que nous n'a-
vons qu'à demander pardon au Pere
par ses mérites , & il nous les pardon-
nera : demandons-lui donc , & de
tout nôtre cœur , & tout maintenant.
Pere Eternel , de tout mon cœur je vous
demande pardon de tous mes pechez ,
par les merites de vôtre cher Fils nôtre

M

aimable Sauveur.

Jesus n'a pas seulement satisfait pour nos pechez, il nous a aussi merité toutes fortes de graces ? demandons donc confidemment au Pere par les mérites de son Fils celles dont nous avons besoin

Pere Eternel, vous voyez les graces dont j'ai besoin d'icy jusqu'à la fin de ma vie, pour vivre, & pour mourir dans vôtre amour ; je vous les demande, s'il vous plaît toutes : je n'en mérite aucune, il est vrai, mais Jesus me les a toutes méritées, & c'est aussi par ses mérites que je vous prie de me les accorder.

Jesus a tant fait & tant souffert pour me sauver, n'est-il donc pas bien raisonnable que je fasse, & que je souffre aussi quelque chose pour Jesus & pour mon salut ?

Enfin, contribuons de tout ce que nous pourrons, à empêcher & à exterminer les pechez qui offensent Jesus, & à procurer que tout le monde connoisse, aime & serve Jesus, que Jesus soit le Principe & la fin de tous nos desseins & de toutes nos actions : sommes-nous dans la prosperité ? benissons-en Jesus : sommes - nous dans l'adversité ? benissons - en Jesus : avons-nous quelque besoin , ayons recours à Jesus , commençons la journée en prononçant le Saint Nom de Jesus , continuons-là , disant Jesus , finissons là , disant Jesus , vivons , mourons nommant Jesus , invoquant Jesus , aimant Jesus , afin qu'après la mort nous passions de la terre au Ciel, pour y aller aimer, benir , loüer à jamais avec tous les Bienheureux nôtre aimable , nôtre adorable , & nôtre infiniment charitable , Jesus , Jesus, Jesus , Jesus.

EXERCICE DE DEVOTION

envers le Crucifix , qu'il est bon de pratiquer , de faire pratiquer à tous ceux que l'on pourra , particulierement le Vendredi.

Au Pecheur à la vûë du Crucifix.

DE tes crimes, pecheur, contemple
    icy l'ouvrage ,
Ils furent de ton Dieu les bourreaux
    inhumains ,
N'accuse point des Juifs la malice &
    la rage ,
Qui n'ont fait en cela que te prêter
    leurs mains.
Viens pleurer à ses pieds tes pechez,
    & ses peines ,
Mêle au plûtôt tes pleurs à son sang
    prétieux ,

S'il est rougi du Sang, qui coule de ses
    veines,
Qu'il soit lavé de pleurs qui coulent
    de tes yeux.

Et pour t'aider à t'attendrir & à
compatir à ton Sauveur crucifié, dis-
lui avec cœur & affection ce qui suit,
& arrête toi, où la tendresse te fera
connoître qu'il faut cesser de lire, &
de parler, pour donner place au sentiment & à la douleur.

Le pecheur à la vûë du Crucifix.

IL est donc vrai, Jesus est mort ; mon
Jesus est mort ! Celui-là est mort qui
ne devoit jamais mourir : Celui-là est
mort, dont la vie valloit infiniment
mieux que toutes celles des autres
hommes ! Celui-là est mort, qui donnoit la vie à tout le monde ! le Fils de
Dieu est mort pour le Fils de l'homme !
l'Agneau est mort pour les loups ! le
Seigneur pour les esclaves ! l'Innocent
pour les coupables.

O mon Jesus, c'est donc vous, que je
vois mort, & étendu sur cette Croix,

c'eft donc vous - même , ô mon Jefus ,
qui ne refpire qu'amour & que bene-
diction fur toures les créatures , que je
vois fans refpiration & fans haleine, tout
froid , & tout mort que je vous vois , je
vous aime , je vous benis , & je vous
adore de tout mon cœur.

C'eft donc vous, ô Tête adorable, qui
êtes adorée dans le Ciel par tous les efprits Bienheureux , qui tant de fois
pendant vôtre vie en ce monde , avez
été couché fur du foin , fur de l'herbe,
fur la terre , fans avoir une pierre pour
vous repofer , qui avez été tant de fois
baigné de pluyes , battuë des vents, que
je vois percée de toutes parts , couronnée d'épines , couverte de fang, & pen-
chante fans refpir & fans fentiment : ah !
je m'abaiffe devant vous encore plus de
cœur que de corps jufqu'à l'abîme de
mon néant , & delà je vous revere, je
vous honore , je vous benis , & je vous
adore de tout mon cœur.

C'eft donc vous, ô Face adorable ! plus
belle mille fois que le Soleil, que les
Anges ne fe laffent jamais de regarder,
que je vois falie de vilains crachats ,

meurtrie de coups, & rougie de ruis-
seaux de sang, qui coulent des playes
de vôtre Tête couronnée d'épines : je
vous regarde avec des yeux de compaf-
sion & de respect, & vous adore de tout
mon cœur.

C'est donc vous, ô yeux benins ! qui
avez tant pleuré pour nous, qui avez
regardé vôtre Croix & vos souffrances
avec joye pour l'amour de nous, & qui
nous avez regardé nous-mêmes avec
tant de compassion & de pitié, que je
vois remplie de sang & de poussiere,
sans vie, & sans mouvement : ah ! que
je n'ouvre plus les miens que pour
voir les vôtres fermez par la mort, &
vous adorer de tout mon cœur.

C'est donc vous, ô Bouche benîte !
qui avez tant fait de miracles en faveur
des hommes, qui nous avez donné de
si belles Instructions pour bien vivre, &
arriver au Ciel, que je vois dans vôtre
soif extrême, & abbreuvée de fiel & de
vinaigre : ah ! s'il m'étoit permis de
vous baiser bouche-à-bouche ; je n'o-
serois, mais au moins je vous benis, je
vous loüe, & vous adore de tout mon
cœur !

C'eſt donc vous, ô Mains toutes puiſ-
ſantes, qui avez créé le Ciel & la Terre, qui avez fait tant de merveilles, qui
nous ſoûtenez encore maintenant dans
l'être & dans la vie, que je vois ren-
duës impuiſſantes pour vous mêmes,
parce que vous l'avez bien voulu, &
cloüées à cette Croix : ô Mains ! ſacrées
Mains, divines Mains, Mains ſi libe-
rales & ſi bienfaiſantes, je vous em-
braſſe, je vous baiſe, & je vous adore
de tout mon cœur.

C'eſt donc vous auſſi, ô Pieds adora-
rables ! qui avez tant marchez tous nuds
pour moi, qui avez tant fait de pas &
de voyages pour moi, que je vois attachez & cloüez à ce bois ; je flechis les
genoux & tout moi-même devant vous,
& avec vôtre permiſſion je vous em-
braſſe, je vous baiſe, & je deſire de vous
embraſſer & de vous baiſer, avec le même cœur & le même amour que le fit
Sainte Magdelaine.

C'eſt donc vous enfin, ô Cœur ſacré
de mon Jeſus ! en qui ſont renfermez
tous les treſors de la Divinité, & qui
avez eu tant d'amour pour moi ; c'eſt
donc

donc vous, que je vois percé à jour, &
verſez juſqu'à la derniere goutte de vôtre Sang pour moi ; je vous adore avec
tous les bons cœurs du Ciel, de ce monde, & du Purgatoire, que vous avez
remplis de vôtre amour.

O mon Jeſus, que par cette playe de
vôtre côté, & par ma bouche, vôtre
cœur vienne dans moi, ou que le mien
aille dans vous, pour être tout trans-
formé en vous.

O Cœur ! ô Cœur ! ſource adorable
de tout l'amour, qui a purifié & ſanct-
tifié tant de cœurs, purifiez & ſanctifiez
auſſi le mien, afin que je ſois tout amour
pour vous, comme vous avez été, &
comme vous êtes tout pour moi.

Mais, mon Jeſus, pourquoi & par
qui avez vous été traité de la forte ? qui vous a pendu à cette po-
tence ?

Helas ! ce n'ont pas été les Turcs
ni les Barbares, ce n'ont pas même
été les Juifs ſeuls, qui donc, mon
Sauveur, qui ? Ah ! quelle horrible,
mais véritable réponſe ; c'eſt moi,
oüi, c'eſt moi-même, qui vous ay

craché au vifage , qui vous ay arrache la barbe & les cheveux , qui
vous ay déchiré de coups , qui vous
ay couronné d'épines , qui dans vôtre foif extrême vous ay abreuvé de
fiel & de vinaigre , qui vous ay ouvert les pieds , les mains , & le côté ;
c'eft moi qui ay été vôtre meurtrier &
vôtre bourreau ; je l'avouë , mon Sauveur , je le confeffe à la vûë du Ciel
& de la Terre , à vôtre gloire & à ma
confufion.

Mais , ô mon Jefus , puifqu'aprés
tant de cruautez que j'ay exercées fur
vôtre divine Perfonne , vous me con-
fervez encore en vie , & vous me prefentez vos graces : ah ! je les reçois de
tout mon cœur , & je vous protefte que
je ne ferai plus jamais vôtre meurtrier ,
ni vôtre bourreau , en commettant de
nouveaux pechez ; je vous protefte que
je ne ferai plus comme j'ai été , plus
dur , & plus infenfible que les rochers ,
qui fe fendirent , & témoignerent par
là leur reffentiment de vôtre mort.

Moi , par qui , & pour qui, vous avez
tant pâti , je ne vous compatirois pas ?

ah! je voudrois ramaffer dans mon cœur
toutes les compaffions les plus tendres,
qui ont jamais navré les cœurs de tous
ceux qui ont eu plus de tendreffe, plus
d'amour, & plus de compaffion pour
vous, afin de les employer toutes à vous
compatir dans vos fouffrances.

Saint Jean, Sainte Magdelaine, chers
Amans & Amantes de Jefus, mais fur
tout vous, ô Sainte Vierge, faites couler dans mon cœur, non pas une goutte; mais toute la douleur qui n'eft plus
de faifon pour le Ciel, faites couler
toute la douleur dont vous fûtes pene-
trée, voyant vôtre cher Fils fouffrant,
mourant, & enfin mort entre vos bras;
ah! fi mon Sauveur eft mort en patiffant
pour moi, que je meure auffi, oüi, que
je meure en lui compatiffant!

Mais, mon Jefus, puifque vous voulez que je refte encore en vie, je me jette
à vos pieds, comme vôtre meurtrier &
vôtre bourreau, & vous demande pardon de tous mes crimes, avec toute la
confufion, tous les regrets & toute la
douleur, dont je fuis capable.

Je voudrois, ô mon Jefus, avoir des

larmes de sang pour les pleurer ; je voudrois que mon cœur partît & allât en pieces par la violence de la douleur, comme il est arrivé à d'autres.

Mais puisque vous ne voulez pas, que ni la compassion de vos peines, ni la contrition de mes crimes, m'ôtent la vie, je m'avance de vous prier trés-humblement de me les pardonner, je ne le merite pas, non je ne merite que l'enfer, que j'ai merité mille & mille fois ; mais, mon Sauveur, le pardon que vous avez accordé à tant d'autres, me fait esperer que vous me l'accorderez aussi ; vous avez pardonné à Pierre vôtre Apôtre, qui aprés tant de faveurs qu'il avoit reçûës de vôtre bonté, vous avoit si lâchement renié, vous avez promis & octroyé le pardon au larron, dés lors qu'il vous le demanda ; vous avez prié pour vos bourreaux, lors même qu'ils vous maltraitoient, & qu'ils se mocquoient de vous.

Vôtre priere, mon Sauveur, s'étend aussi bien à moi, qu'à eux, puisque j'ai été un de vos bourreaux, & si je vous en demande pardon ; c'est vous même

qui me pouffez à vous le demander, &
la priere que je vous en fais, eft un
effet de celle que vous avez faite pour
moi ; fans doute vous ne me portez pas
à vous la faire, pour me refufer, & rendre ainfi inutile, non feulement ma
priere, mais encore la vôtre, puifque
non plus la vôtre que la mienne n'auroit pas fon effet, qui eft le pardon de
mes crimes.

De plus, mon adorable Sauveur, la
priere que vous avez faite à vôtre Pere pour moi, dépend maintenant de
vous, parce qu'il vous a mis tout fon
pouvoir entre vos mains, & vous a con-
ftitué le Juge Souverain des vivans &
des morts.

Accordez - nous donc, s'il vous
plaît, ô nôtre charitable Sauveur, accordez - nous le pardon que vous avez
non feulement defiré, mais demandé
pour nous, & qui dépend à prefent
de vous.

Nous vous le demandons les uns
pour les autres, & pour tous ceux à qui
nous fommes plus obligez, & particulierement pour tous ceux que nous a-

vous par quelque façon que ce soit en-
gagez au pechré ?

Nous vous le demandons par vos
Playes sacrées, & par vôtre Sang précieux, qui a été versé par sept fois, à
vôtre Circoncision, à vôtre agonie, au
jardin, à vôtre horrible flagellation,
à vôtre couronnement d'épines, lors
que l'on vous dépoüilla de vos habits
collez par vôtre Sang à vôtre sacré
Corps, à vôtre crucifiement, & lors
que d'un coup de lance on vous ou-
vrit le côté.

Nous vous le demandons par ce
Sang, qui a été versé, non seulement
par nous, mais pour nous.

Nous vous le demandons par ce
Sang, qui vous crie, non pas vengeance
contre nous, mais misericorde pour
nous.

Enfin nous vous le demandons par
ce Sang, dont les merites vont infiniment au delà de tous nos crimes.

Nous vous crions avec lui, & par
lui, misericorde, ô bon Jesus ! misericorde, misericorde, versez-en une
goutte dans chacun de nos cœurs,

pour en effacer nos pechez.

Mais le pardon que nous vous en demandons, & que nous en esperons, ne fera qu'augmenter nos reconnoissances, & nos regrets, de ce qu'aprés tant d'offenses vous avez encore tant de bonté que de nous pardonner.

Ah ! bon Jesus, quel excez de nos cruautez envers vous ! & quel excez de vos bontez envers nous !

Ah ! mon Jesus, je n'en puis plus ; le regret de mes pechez, la connoissance de vos bontez, la compassion de vos souffrances, & l'excez de vôtre amour m'ôtent la paroles ; les soupirs & les sanglots m'étouffent, mon cœur se fond en moi-même, & la douleur dont il est saisi, ne permet plus à ma langue de parler.

Et puisque je ne puis plus parler, permettez, ô mon adorable Jesus ! que je me tire à l'écart, & que là je me jette à vos pieds, pour laisser dire à mon cœur, ce que ma langue ne peut vous exprimer. Ah Jesus ! ah peché ! ah cruauté ! ah bonté ! ah ! amour, amour, amour, amour !

Oraifon à nôtre Seigneur , pour lui demander fon amour.

MOn Jefus, ce que vous me demandez, c'eft cela même que je vous demande ; vous me demandez que je vous aime ; & c'eft auffi ce que je vous demande , que je vous aime ; il me femble, mon Jefus , que fi je me pouvois donner à moi - même pour vous, ce que vous voulez que j'aye pour vous , qui eft de vous aimer . que je me le donnerois abondamment : ô ! que je me donnerois un grand amour pour vous, afin de vous aimer parfaitement : mais, mon Jefus, je ne le puis pas ; vous le fçavez.

Mais ce que je ne puis pas, vous le pouvez , & le pouvez d'un pouvoir infini , & toute à l'heure , & fi aifement, & fi pleinement : Ah ! que j'aye autant d'amour pour vous , que vous m'en pouvez donner, & que vous en meritez ; au moins donnez - m'en, s'il vous plaît, autant que vous voulez que j'en aye : mon cœur eft prêt, mon Jefus, mon cœur est prêt, & s'il n'est pas encore assez prêt, & s'il s'y trouve encore des empêchemens à la plenitude de vôtre amour, vous en avez le remede en vôtre pouvoir, vous avez des graces plus fortes que tous mes maux : donnez-moi donc, s'il vous plaît, de ces graces, j'en suis indigne, il est vrai, je ne les merites pas : mais vous meritez que je vous aime parfaitement, & pour vous aimer de la sorte j'ai besoin de ces graces : donnez-moi les moyens, dont j'ai besoin pour arriver à la fin que vous prétendez de moi : donnez-moi ces grandes graces, afin que je vous rende ce grand amour, & pour vous obliger à me les donner, regardez, mon Jesus, non pas mes pechez & mes desordres, si ce n'est pour en avoir compassion : Mais regardez les grandes choses que vous avez faites, & souffertes, afin que j'eusse de l'amour pour vous : agissez & operez en moi selon la grandeur de vos souffrances, de vos merites, de vôtre puissance, & de vôtre amour : si vous faites ainsi, ô mon Jesus de vôtre côté envers moi, j'espere que je ferai aufli du mien ce que vous voulez de moi envers vous , qui eſt que je vous aimerai comme vous voulez , & comme je le veux aufli , de toutes l'étenduë de vos graces , & de toute celles de mon pouvoir.   Ainſi ſoit - il.

Oraiſon au Saint Eſprit , pour deman-der le divin amour.

DIvin Eſprit , tout Eſprit & tout Amour, Amour du Pere & du Fils, Amour perſonnel , Amour ſubſtantiel , Amour éternel, Amour infini , Amour, ah Amour ! divin Amour , incomparable Amour, ah Amour ! ou attirez-nous à vous , ou que nous vous attirions à nous pour nous changer tout en Amour, & n'être plus qu'Amour.

Venez à nous , divin Amour, venez à nous , voila nos cœurs que vous recherchez depuis ſi long-tems , & qui vous ont tant fermé la porte , les voilà enfin tous diſpoſez , & tous ouverts pour vous recevoir.

Nunc ſanɛte nobis ſpiritus ,

Unum patri cum filio ,
Dignare promptus ingeri ,
Nostro refusus pectori.

Divin Amour vous nous avez recherché lors que nous nous éloigniõns de vous , maintenant que nous vous recherchons , vous éloignerez vous de nous ? ah ! vous n'êtes pas changeant comme nous ; comme vous nous avez aimé , & nous avez recherché par ci-devant , vous nous aimez & vous nous recherchez encore à present , & c'est vous même qui nous attirez à vous desirer & à vous rechercher : Helas ! sans vous , sans vôtre attrait nous irons encore nous égarant & nous perdant parmi la bouë des créatures. Venez donc divin Amour, venez cher Amour, nous vous en conjurons, remplisez, remplisser nos cœurs , qui soupirent aprés vous.

Veni sancte Spiritus , reple tuorum corda fidelium , & tui amoris in eis ignem accende.

Jamais nous n'avons été navrez, comme nous le sommes, du desir de vous posseder , c'est vous qui nous avez na-

vré , c'eſt vous qui nous avez porté ce
coup entrez-vous même avec vos graces , & vous rendez maître de nos
cœurs, qui ne reclament que vous, qui
ne deſirent que vous, qui ne reſpirent
qu'aprés vous ; ah ! ſi vous nous enten-
dez , comme ſans doute vous nous en-
tendez , ne nous refuſez pas.

Venez , venez à la bonne heure, afin
que vous ayant attiré à nous pendant
la vie, vous nous attiriez à vous aprés
la mort, & que nous paſſions de feu en
feu, d'amour en amour, de l'amour
de la grace d'icy bas à l'amour beatifi-
que du Ciel , dans lequel tous les autres emplois ceſſans , nous ſerons tous
aimez, & tous aimants, tout feu , &
tout amour, dans ces divines flames du
Paradis , qui chaſſeront tous nos ennuis, qui diſſiperont toutes nos peines,
& qui nous rempliront pour jamais de
délices ineffables.

Ah ! quand ſera-ce, divin Amour ?
quand ſera-ce que ce bonheur incomparable nous arrivera ?

Nous aſpirerons tant, & nous aimerons tant pendant ce qui nous reſte de

vie en ce monde, qu'aprés nôtre mort,
il n'y aura ni interruption, ni retarde-
ment de ce parfait amour, ainsi soit-il,
divin Amour. Ainsi soit-il.

LITANIES FORT DEVOTES
à nôtre Seigneur.

IL semble qu'il seroit difficile de
trouver des Litanies plus propres
que celles-cy.

1. Pour nous exciter à avoir compassion de nôtre Seigneur, le voyant
passer par tant, & de si horribles souffrances.

2. Pour nous porter à l'aimer de
tout nôtre cœur, voyant que ce n'a
été que l'amour qu'il a eu pour nous,
qui l'a fait s'abandonner à toutes ces
peines.

3 Pour nous consoler, & nous forti-
fier en toutes nos miseres, voyant que
nôtre-Seigneur les a toutes consacrées
par les siennes, & en a souffert de bien
plus grandes.

4. Pour inviter nôtre Seigneur à nous aider à souffrir patiemment toutes nos peines, puisque c'est ce qu'il a prétendu de nous par ses souffrances , & par son amour

Il n'est point besoin de les dire toutes à chaque fois , il vaut mieux en dire moins , & les dire plus devotement.

Il faut s'arrêter particulierement, & même redire plusieurs fois les paroles qui nous touchent davantage , soit de compassion ou d'amour envers nôtre Seigneur , soit qu'elles soient plus conformes à nôtre état , & à nôtre besoin , comme si vous êtes dans la pauvreté , dites plusieurs fois, Jesus mal logé , mal habillé , & mal nourri , ayez pitié de nous , & ainsi des autres.

JEsus aneanti en vôtre Incarnation , ayez pitié de nous.
Jesus de riche devenu pauvre , ayez pitié de nous.
Jesus mal logé , mal habillé , & mal nourri , ayez pitié de nous.
Jesus couchant sur la terre , sans lit, sans oreiller , & sans couverture , ayez pi-

pitié de nous.

Jesus jeûnant quarante jours, sans boire & sans manger, ayez pitié de nous.

Jesus recherché comme sujet pour payer le tribut à Cesar, ayez pitié de nous.

Jesus enlevé, & tenté du diable, ayez pitié de nous.

Jesus reputé fol, & endiablé, ayez pitié de nous.

Jesus accablé de douleurs au Jardin sous la charge de nos pechez, ayez pitié de nous.

Jesus dans l'ennuy, dans la crainte, & dans l'agonie, ayez pitié de nous.

Jesus triste jusqu'à la mort, ayez pitié de nous.

Jesus paroissant devant vôtre Pere, couvert des pechez du monde, ayez pitié de nous.

Jesus trahi, & vendu à vil prix, ayez pitié de nous.

Jesus embrassant avec amour le traître Judas, ayez pitié de nous.

Jesus traîné la corde au col, ayez pitié de nous.

Jesus tombé dans le torrent de Cedron, tout moüillé, & transi de froid, ayez pitié de nous.

Jesus mocqué, baffoüé, fouffletté, traitté de coups de pieds, & de poings, ayez pitié de nous.

Jesus dépoüillé tout nud quatre fois avec ignominie, ayez pitié de nous.

Jesus foüetté jusqu'au sang, & dechiré de coups, ayez pitié de nous.

Jesus détaché de la Colomne, & tombé dans vôtre sang, ayez pitié de nous.

Jesus couronné de poignantes épines, ayez pitié de nous.

Jesus vétu d'une casaque de laquais, & traité comme un Roi de farce, ayez pitié de nous.

Jesus postposé à Barrabas, ayez pitié de nous.

Jesus abandonné par la Justice à la rage de vos ennemis, ayez pitié de nous.

Jesus chargé du lourd fardeau de la Croix sur vos épaules déchirées, ayez pitié de nous.

Jesus tombant par les ruës, couvert de sang, & de boüe, & des maledictions du peuple ayez pitié de nous.

Jesus

Jésus trahi, renié, & abandonné de vos Apôtres, ayez pitié de nous.

Jésus affligé d'ennemis, d'amis, de parens & de tout le monde, ayez pitié de nous.

Jésus cloüé avec d'horribles douleurs sur la Croix, ayez pitié de nous.

Jésus pendu à la Croix entre deux voleurs, ayez pitié de nous.

Jésus tout en playes depuis la plante des pieds percez jusqu'à la tête couronnée d'épines, ayez pitié de nous.

Jésus l'homme de douleurs, ayez pitié de nous.

Jésus injustement accusé, comdamné & executé, ayez pitié de nous.

Jésus obéïssant jusqu'à la mort, & la mort de la Croix, ayez pitié de nous.

Jésus plein de douceur pour ceux qui vous abreuvent de fiel & de vinaigre, ayez pitié de nous

Jésus priant pour ceux qui vous ont mis en Croix, & les excusant à vôtre Pere, ayez pitié de nous.

Jésus fait nôtre caution, & perdant pour nous l'honneur & la vie, ayez pitié de nous.

O

Jesus perdant tout, plûtôt que de perdre vôtre amour pour nous, ayez pitié de nous.

Jesus mort entre les bras de vôtre Sainte Mere bien affligée, ayez pitié de nous.

℣. O Jesus, qui nous avez racheté par la Croix.

℟. Faites que souffrant en patience, nous soyons sauvez par la Croix.

ORAISON.

O Doux JESUS ! vivant, souffrant, mourant, & mort pour l'amour de nous ; accordez-nous, s'il vous plaît, que nous souffrions jusqu'à la mort, pour l'amour de vous : Et qu'ayant souffert patiemment en ce monde avec vous, comme vous & pour vous, nous allions aprés dans le Ciel, pour y êrre à jamais bienheureux avec vous. Ainsi soit-il. *Pater, Ave, &c.*

Qui n'a point de pitié de Jesus, est indigne de la pitié de Jesus.

Mais qui a pitié de Jesus, attire sur soi la pitié de Jesus.

O Jesus ! nous avons pitié de vous.

O Jeus ! ayez pitié de nous.

JESUS, JESUS, JESUS.

ORAISON

A NOSTRE SEIGNEUR

pour avoir une bonne mort.

O Mon Jesus, je vous demande trés-humblement, & trés-instamment la grace des graces, la grace la plus importante de toutes pour vôtre gloire, & pour mon salut, la grace finale, la perseverance en la grace, une bonne mort

C'est une grace, que nous ne pouvons meriter par tous les services imaginables, mais que vous nous avez meritée, aussi bien que toutes les autres.

Cette grace est de mourir en vôtre grace, & en vôtre amour ; c'est-à-dire de mourir, ayant vôtre grace & vôtre amour habituel en l'ame, comme meurent tous les gens de bien ; pourvû que j'aye cela, quand tout le reste me manqueroit, bon jugement, Prêtre, Sacrement, en quelque tems, & en quelque lieu que ce soit, j'aurai tout ce qu'il me faut, pour avoir entrée dans l'Eternité bienheureuse. O bon Jesus ! que je meure de cette mort des Justes.

Mais, mon Jesus, si c'étoit vôtre bon plaisir : je voudrois mourir, non seulement en vôtre amour, & avec vôtre amour habituel, mais encore en vôtre amour, & avec vôtre amour actuel, je voudrois qu'en même tems que je pousserois les derniers soûpirs de mes poulmons, je poussasse aussi des Actes d'amour de mon cœur, & que je fusse tout ensemble, & mourant & vous aimant.

C'est ainsi que mourut le glorieux Saint Joseph, qui en mourant vous avoit d'un côté & la Sainte Vierge de l'autre, & se trouva en même tems, & vous aimant & expirant.

C'est ainsi que mourut le Grand Saint Ambroise, qui aprés avoir Communié avec tout l'amour qu'il pouvoit, incontinent rendit l'ame & venant de vous recevoir, fut aussi-tôt reçû de vous & mis là haut dans le Ciel, pour y continuer à vous aimer durant toute l'Eternité.

C'est ainsi que mourut S. Ignace, qui dit d'une voix toûjours baissante jusqu'à la mort, Jesus, Jesus, Jesus, Jesus.

C'est ainsi que sont morts plusieurs autres, qui ont eu le jugement libre jusqu'à la fin, & qui n'ont cessé en ce monde de vous aimer, que lors qu'ils ont cessé de vivre.

Je vous prie, mon Seigneur par les merites & par les priéres de ces Grands Saints, de m'accorder une semblable mort, que les derniers momens de ma vie soient tous occupez à vous aimer.

Mais, mon Jesus puisque j'ai commencé à vous prier, je continuerai, s'il vous plaît, & je prends la liberté de dire à vôtre bonté, que je voudrois encore mourir d'une autre sorte de mort ; c'est de mourir, non seulement en vôtre amour, & avec vôtre amour, mais de plus pour vôtre amour : C'est mourir pour vôtre amour, que mourir pour quelque vertu Chrétienne, pour la Foi, pour la Chasteté, pour la Charité, comme sont morts les Martyrs. Voila, mon

Jesus, le souhait de mon cœur ; & c'est par vôtre grace la disposition où je suis de demeurer ferme & constant à vôtre service, & de souffrir plûtôt la mort . que de perdre une seule fois la grace & vôtre amour par aucun peché mortel.

O mon Jesus ! la priere que je vous fais pour moi , je vous la fais du même cœur pour tous les autres , qu'il n'y ait plus de mauvaises morts : helas ! il y en a déja tant eues , & si peu de bonnes ; que les mauvaises cessent , & que les bonnes leurs succedent.

Et comme c'est la grace des graces , la grace d'où dépend nôtre bienheureuse , ou malheureuse Eternité, d'être à jamais avec vous ou à jamais separez de vous , je vous la demande , ô mon Jesus ! pour tous tant que nous sommes , par les motifs les plus capables de flechir vôtre bonté . par la gloire de vôtre Pere , par la grandeur de vos merites , par l'excez de vôtre amour , par l'intercession des personnes les plus puissantes auprés de vous , de vôtre Sainte Mere , de tous les Anges ,

& de tous les Saints, & desire de vous
la demander avec toutes les disposi-
tions, de foi d'humilité, de confiance,
& de toutes les autres ; afin qu'ayant
fait de mon côté, selon mon petit pouvoir, vous fassiez du vôtre selon vôtre
bonté infinie.

Ah ! mon Seigneur, s'il vous plaît,
par les merites des ces grands Saints,
qui non seulement ont eu resolution,
mais en sont venus à l'effet, donnant
leur sang & leur vie, plûtôt que de
consentir à un seul peché, de me faire
le même honneur, & la même grace,
de vous témoigner ma fidelité par l'ef-
fusion de mon sang, & par la perte de
ma vie. Je vous dirai, mon Jesus, que
je void encore une mort au delà de toutes les precedentes, qui me charme, &
aprés laquelle je soûpire ; c'est mon Jesus, que je meure, non seulement en
vôtre amour, & pour vôtre amour ;
mais de plus que je meure par vôtre a-
mour, que ce soit la force de vôtre a-
mour qui me tire l'ame du Corps pour
la transporter à vous. O bonne mort !
ô precieuse mort ! ô mort d'amour !

C'est ainsi que mourut le grand Saint François, & comme dit de lui un autre Saint François, c'est Saint François de Sales, il ne pouvoit manquer de mourir de cette mort; car il aimoit trop Dieu pendant sa vie, pour manquer de mourir d'amour.

C'est ainsi qu'est morte Sainte Therese, laquelle après sa mort revela qu'elle étoit morte d'une impetuosité d'amour.

C'est ainsi que mourut un dévôt Pelerin sur la montagne du Calvaire, qui après avoir bien consideré que c'étoit là, où son Sauveur étoit mort pour lui, & avoir baisé & rebaisé le trou, où on avoit mis la Croix, pressé au cœur d'un amour de tendresse, & de compassion pour son cher Maître, rendit l'ame sur la place.

Ce fut encore ainsi qu'un autre Pelerien, ayant visité tous les Sts. Lieux, & medité sur les Mysteres qui s'y étoient accomplis, enfin étant sur le Mont des Olives, & où on voit encore sur une pierre la marque des pieds de nôtre Seigneur, après avoir baisé, & arrosé

de

de ses larmes cette marque, élevant les
yeux aux Ciel, comme s'il eût vû nôtre Seigneur, fut transporté d'un desir
si violent d'aller à lui : qu'il mourut
sur le lieu ; & comme on eu ouvert son
Corps pour reconnoître la cause de sa
mort, on trouva dans son cœur, comme dans celui de S. Ignace Martyr ces
mots, J e s u s , mon amour.

Et comme, mon Sauveur, vôtre bras
n'est point racourci, ny vôtre bonté
diminüée, c'est ainsi qu'est mort de nos
jours un bon Prêtre en Provence, qui
mourant de la violence de vôtre amour
disoit : ô amour ! ô amour ! tu m'as
gagné ! ô amour tu m'as vaincu ! Son
corps aprés sa mort demeura si brûlant,
que l'on n'y pouvoit toucher sans se brûler ; & un Prêtre de mauvaise vie s'ap-
prochant de lui, à l'heure même ses
feux se redoublerent de telle sorte, que
ce pauvre Prêtre en fut échauffé, & a
toûjours depuis bien aimé Dieu.

Mais par dessus tout cela, c'est ainsi
que mourut vôtre trés-digne Mere ;
elle devoit mourir dés le second moment de sa Conception, parce que dés le

premier elle reçeut un ſi grand amour ; qui dés lors ſurpaſſoit celui de tous les Saints qui ſont morts d'amour ; que ſon petit Corps ne l'eût pû ſupporter, ſi vous ne l'euſſiez ſoûtenuë miraculeuſement tout le tems qu'elle a vêcu en ce monde, juſqu'à ce qu'enfin ſouhaitant de vous aller voir dans l'éclat de vôtre gloire, elle vous en fit ſa priere, qui fut auſſi - tôt exaucée, & l'amour tirant ſon Ame incomparable de ſon Saint Corps l'éleva dans le Ciel ; & puis ſe vint réünir à lui, & vuidant le Sepulchre, alla prendre place auprés de vous en un Trône magnifique au deſſus de tous les Bienheureux.

Ah ! mon Jeſus, ſi ce n'eſt point trop de preſomption, ſi ce deſir, & cette priere ne vous offenſe point, je vous prie, par les prieres de ces Saintes ames à qui vous avez accordé une ſi grande faveur, & particulierement par les prieres de vôtre Sainte Mere, que je meure d'amour pour vous ; que ce ſoit vôtre amour qui mette fin à ma vie ; que vôtre amour aille ſi fort, & de plus en plus croiſſant en moi, qu'il arrache mon ame du sujet, qu'elle anime, qui est mon corps, pour la porter à l'objet qu'elle aime, qui est vous même mon aimable, mon adorable, & mon admirable Jesus.

Aprés tout, mon Jesus pour ramasser tous mes desirs touchant ma mort, c'est que je desire mourir pour vous, comme vous êtes mort pour moi ; vous êtes mort avec l'amour, & pour l'amour, & par l'amour que vous aviez pour moi, je desire de même, de mourir avec l'amour & pour l'amour, & par l'amour que j'aurai pour vous.

Si je ne suis pas Martyr d'effet, je le suis par vôtre grace de desir & de volonté, & si je ne meurs pas par violence des tourmens, comme les Martyrs, j'accepte de mourir par la violence de la maladie ; & si c'est être Martyr que de mourir pour la Foi, pour la Charité, pour la Chasteté, ne sera-ce pas aussi l'être de mourir pour la Justice ; c'est pourquoi je veux mourir, ô mon Jesus, pour satisfaire à vôtre Justice, qui veut que je subisse la mort, que j'ay meritée. Oüi, mon Jesus, il est juſte que je meure, j'adore vôtre Arrêt, je m'y ſoûmets, & j'accepte ma mort de vôtre main, comme S. François reçut les Stigmates du Seraphin, qui les lui vint faire de vôtre part, oüi je reçois ma mort, non pas du cours de la nature, mais de vos Divines mains, comme vous-même reçûtes la vôtre, non pas des mains des Juifs, ni des bourreaux, mais de celles de vôtre Pere.

Enfin, mon Jeſus, je vous fais la même priere, que vous faiſoit vôtre admirable ſerviteur Saint François; mon Jeſus, vous êtes mort de l'amour de mon amour, faites, s'il vous plaît, que je meure auſſi de l'amour de vôtre amour, oüi que je meure de l'amour de vôtre amour.

O amour! amour Sacré! amour de mon Jeſus, que ce ſoit vous qui me donniez l'heureux coup qui me tirera de ce païs infortuné, où l'on vous aime ſi peu & où l'on vous offenſe tant; & m'emportez dans la Region du Paradis, où l'on ne vous offencera jamais & où l'on vous aimera parfaitement durant toute l'Eternité.

MOYEN FACILE
ET EFFICACE

Pour se souvenir souvent de Dieu pendant le jour ; & aussi pour se défaire du peché, auquel on est plus sujet, & pour acquerir la vertu, dont on a plus besoin.

Pone me Signaculum super brachium tuum. Cant. 8.

Mettez-moi comme un Signal sur vôtre bras. *Aux Cant. chap.* 8.

Quarite Dominum, & confirmamini : quarite faciem ejus semper. Pf. 104.

Cherchez le Seigneur , & prenez courage ; cherchez toûjours sa face. *Pf.* 104.

IL ne se peut dire combien nous perdons tous les jours , & de graces en ce monde, & de gloire en l'autre, & pour Dieu & pour nous , par l'oubli de Dieu & de nôtre Seigneur.

Le remede à cela , & le moyen facile
& efficace est d'avoir quelque *Signal* ou
Marque visible , qui vous en donne le
souvenir , & nous fasse faire de courtes :
mais frequentes priéres pendant le jour.

Or entre toutes les marques & tous
les signes visibles , on n'en peut point
prendre de plus auguste, ny de plus ve-
nerable que la Croix , qui est l'instru-
ment de nôtre Redemption , & le signe
du Chrétien.

C'est pourquoi plusieurs portent sur
la manche une Croix, qui de soye, qui
la laine , qui de fil commun , & plus
ordinairement de deux épingles croi-
sées par ce qu'il n'y a rien de si facile à
trouver , ny de si propre pour faire
promptement une Croix, en memoire
de nôtre Seigneur crucifié , afin de se
souvenir de faire souvent de ces sortes
de Prieres. C'est aussi à quoi ce Qua-
drain pourra servir.

Mon Dieu , que tout fait bien à une
     Ame fidelle !
Ce peu me servira pour n'être plus
     rebelle ;

*Et pour penser en vous, & la nuit &
le jour,
Je porterai toûjours ce* Signal de l'A-
mour.

Que si quelqu'un a difficulté à porter
ainsi une Croix, qu'il mette une épin-
gle seule, comme on en met souvent
pour se souvenir de quelque chose, ou
un point d'éguille, ou tel autre signal
qu'il voudra ; mais qu'il en mette quelqu'un, autrement, s'il n'est extraordi-
nairement, & continuellement préve-
nu de Dieu, il perdra beaucoup par
l'oubli qu'il aura de Dieu, & par l'o-
mission de plusieurs bons actes, que
son signal lui auroit fait souvenir de
produire. Ce qui est si vrai, que les
meilleures ames, & qui prennent plus
de soin de se souvenir de Dieu, sont
celles qui se plaignent davantage d'elles
mêmes, de ce qu'elles l'oublient si fa-
cilement & si souvent.

De plus, qu'il ne détourne pas les
autres de mettre une Croix, ny ne les
porte pas à l'ôter, s'ils l'ont déja mise,
& pour ceux, qui comme lui auroient

peine d'en porter , qu'ils les induise à prendre quelqu'autre signal à même fin ; s'il faisoient autrement , sans doute il priveroit nôtre Seigneur de beaucoup de gloire , & les ames de beaucoup de merites ; au lieu qu'approuvant , & exhortant à cette Sainte Pratique , il contribuera aux biens qui en viendront , dont il recevra un jour de grandes recompenses.

Il n'y a point de priere déterminée, on dit ce que l'on veut , soit de cœur seulement , soit aussi de bouche ; mais courte & devôte : dites la priére qui vous viendra sur le champ, ou que vous goûtez plus , à qui vous avez plus de devôtion ; comme, ô mon Jesus ! ô mon Amour ! ô mon cher Sauveur ! &c. ou sans rien dire , regardez amoureusement vôtre Croix , ou baisez-la seulement , ou inclinez-y doucement vôtre cœur, ou ayant fait un pacte avec Dieu , que regardant , ou baisant ce signal , vous avez intention de pratiquer les plus excellens actes de toutes sortes de vertus , de foi , &c. Et de prier pour les vivans, pour les mourans , & pour les morts

&

& particulierement pour ceux pour qui
vous êtes plus obligé , ayez intention
de toutes ces choses : il y en a qui bai-
sent 33. fois le jour le signal en l'honneur des 33. ans de la vie de nôtre Seigneur : Et pour connoître la consequen-
ce de chaque moment , bien ou mal employé , ou dans la pratique , ou dans
l'omission d'une bonne priere , d'un
Acte de vertu , il faut bien considerer
ces deux vers.

Pertes , ou gain de momens , étranges
    veritez !
Sont la perte , ou le gain d'autant
    d'Eternitez !

C'est - à - dire , que chaque moment
bien , ou mal employé , porte le gain ,
ou la perte d'une Eternité de gloire , &
pour Dieu & pour nous.

Est-ce pas là dequoi nous animer à
bien employer nos momens , & à n'en
perdre que le moins que nous pourrons , non seulement ne pechant pas,
mais ny même en des choses indifferen-
tes , & sans les rapporter à Dieu ? Or il
est certain que les momens , ausquels
nous baiserons , ou regarderons devô-

Q

tement nôtre Signal , feront bien employez.

Ce Signal eft auffi un moyen facile & efficace pour fe défaire du peché , auquel on eft plus fujet , & pour acquerir la vertu dont on a plus de befoin.

1. Pour nous avertir , en le voyant , de nous garder de ce peché , ou pratiquer quelque Acte de cette vertu.

2. Pour nous faire fouvenir que Dieu eft prefent , afin que le fouvenir de fa divine prefence nous empêche de commettre ce peché , ou nous fafle faire quelque Acte de cette vertu avec plus de devôtion.

3. Pour demander fouvent à Dieu pardon de ce peché-là & la grace de n'y plus retourner , ou pour lui demander cette vertu , comme :

Mon Dieu , je vous demande pardon de toutes mes impatiences ou yvrogneries , impuretez , juremens , menfonges , medifances , ou autres , & je vous demande la grace de ne vous plus offenfer par l'impatience , par l'yvrognerie , &c. de même , mon Dieu , je vous demande la patience , l'humilité , &c.

L'experience fait voir que la fidelité qu'une personne apporte à faire cette priere, lui obtient la victoire de ce peché & l'acquêr de cette vertu. Pratiquez-la, & la faites pratiquer aux autres, & Dieu aidant, & vous & eux en verrez de bons effets.

A la plus grande Gloire de Dieu.

F I N.

J'A y lû ce petit Livre. Fait ce vingt-sixiéme jour de Mars, mil six cens soixante & douze.

M. GRANDIN.

Vû l'Approbation, permis d'imprimer. Fait ce sixiéme Avril mil six cens soixante & douze.

DE LA REYNIE.